Matthias Röcke

Die Trabi-Story

Der Dauerbrenner aus Zwickau

HEEL

IMPRESSUM

HEEL Verlag GmbH
Gut Pottscheidt
53639 Königswinter
Tel.: 02223/9230-0
Fax: 02223/923026

Verantwortlich für den Inhalt:
Matthias Röcke

Satz, Layout, Umschlaggestaltung:
ArtWork Schumacher, Königswinter
Lithos:
Repro 51, Bonn
Druck:
Media Print Informationstechnologie, Paderborn

ISBN 3-89365-641-3

Printed and bound in Germany

Matthias Röcke

Die Trabi-Story

Der Dauerbrenner aus Zwickau

HEEL

Statt Nostalgie:
Spee
MEGAPERLS
30°C
40°C
60°C
95°C
Henkel
Schlau wie nie!
Vollwaschmittel für alle Waschverfahren
Spee
Schön, daß manches, das sich in der Vergangenheit bewährte, noch immer ganz von heute ist. Spee zum Beispiel. Das war schon früher eine clevere Wahl, wenn es um gute Waschkraft ging. Daran hat sich wenig geändert. Heute gibt's von Spee die modernen Megaperls zum kleinsten Preis. Oder: zeitgemäß saubere Wäsche für wenig Geld. Manche Dinge geraten eben nie aus der Mode!
Spee. Die schlaue Art zu waschen!
Henkel

Der Inhalt

Versandbereit stehen die P 50 auf dem Werkshof

VORWORT

Der Trabant ist zum Kultauto geworden, die Trabiszene trägt ihn auf Händen, lebt mit ihrem Idol und pflegt die Erinnerung an den „Volkswagen der DDR". Die einen tun es mit sorgsam im Originalzustand bewahrten Fahrzeugen (original heißt hier nicht wie frisch vom Band, sondern wie in der DDR durch Improvisation am Laufen gehalten), die anderen malen ihren Trabi schrill an, machen ein Cabrio aus ihm oder einen Dreiachser, sie fahren Cross-Veranstaltungen oder gleich quer durch Marokko. Die Szene lebt in Ost und West, in Deutschland und im Ausland. Das Besondere an ihr: sie kennt keine Schranken, alle Variationen von Autobegeisterung sind willkommen, keine Gruppe wird ausgegrenzt, im Gegensatz zu manchem Oldtimerclub.

Natürlich ist der Trabant heute ein Oldtimer. Seine besondere Rolle im Alltag der DDR, die von den seinerzeit politisch Verantwortlichen erzwungene technische Rückständigkeit ab Mitte der sechziger Jahre und die schier unbegrenzte Strapazierfähigkeit lassen den Stoff entstehen, aus dem Legenden sind. Welches Potential gerade in dieser Beziehung im Trabi steckt, hatte ich schon bei den Arbeiten zu meinem ersten Buch zum Thema erfahren („Der Trabant", erschienen im Dezember 1989 ebenfalls im Heel-Verlag). Trotzdem hat die stürmische Entwicklung nach Einstellung der Produktion am 30. April 1991 überrascht. Die öffentliche Präsentation der von der politischen Ebene verbotenen Nachfolgetypen, die Mediendiskussion um passive Sicherheit und Umweltverträglichkeit, die immer stärker einsetzende Erinnerung an die Vorzüge des kleinen Trabi und der Spaß am Auto schlechthin zogen immer neue Kreise. Schon heute steht fest: Der Trabant wird unvergessen bleiben in der Autowelt, gleichrangig mit dem Volkswagen „Käfer" oder der „Ente" von Citroën.

Ein regelrechtes Denkmal hat der Trabi schon seit Sommer 1998. Es hebt ihn heraus aus der Masse und gibt ihm den Platz, der ihm einfach gebührt. In diesem Sinne will auch das vorliegende Buch wirken: Erklärung, Würdigung und letztlich Anerkennung eines ungewöhnlichen Autos mit ganz eigener Geschichte.

Die Arbeiten an dem Buch bescherten mir eine Fülle interessanter Begegnungen mit Menschen, die in irgendeiner Weise mit dem Trabant befasst sind oder waren. Besonderen Dank möchte ich Herrn Dr. Winfried Sonntag, ehemals Technischer Direktor im Werk und zeitweise Generaldirektor des VVB Automobilbau, sowie Professor Dr. Franz Meißner, ehemals Technische Hochschule Zwickau, aussprechen. Mit beiden konnte ich sehr ergiebige Gespräche führen. Heute engagieren sie sich für den Förderverein Automobilmuseum August Horch in Zwickau. Die sehr aktive Belegschaft des Museums hat meine Arbeit ebenfalls tatkräftig unterstützt. Mein Dank gilt außerdem zahlreichen Trabi-Freunden, die mit Tips, Unterlagen oder auch ihren Fahrzeugen bei Fototerminen mit von der Partie waren.

Der Autor

Der heiß ersehnte Kleinwagen kommt in Schwung.

Auto des Jahrzehnts

Auto des Jahres“ war er für die westlichen Medien geworden. In jenen aufregenden Monaten des Jahres 1989, als das wirtschaftliche und politische System der sozialistischen Staaten nach Moskauer Prägung zerfiel, rückte die Außenwirkung eines Automobils in den Mittelpunkt des Interesses. Der Trabant 601 wurde binnen Wochen zum Symbol des dramatischen Wandels in der DDR. Technisch rückständiges, dennoch bis dato heiß begehrtes Konsumgut und zuverlässiger Garant einer erfolgreichen Flucht und Übersiedlung aus der DDR in die Bundesrepublik, das regte die Gemüter an und weckte Emotionen, zunächst nur positive.

„Auto des Jahres 1989“ also und das im Westen, ein respektabler Erfolg. In Wirklichkeit aber war der Trabant schon bald viel mehr. Während die schnellebiger Medienwelt den „Trabi“, wie sie verniedlichend abkürzte, schnell wieder vergaß und nur bei Themen wie Umweltverträglichkeit oder passiver Sicherheit kurz und tadelnd zu ihm zurückkehrte, mauserte er sich gewissermaßen zu einem „Auto des Jahrzehnts“. Der Trabant, 1991 aus der Produktion genommen, startete seine zweite Karriere hin zum Kultauto. Dazu wird man nicht ernannt, das wird man von selbst! Erst war es chic in den alten Bundesländern, mit einem Trabant oder Teilen von ihm auffällige Werbung zu betreiben, ihn schrill umzulackieren und dann zum Beispiel auf ein Hallendach zu stellen. Andere, auch schon in den neuen Bundesländern, machten sich einen Spaß und verformten den Kleinwagen, bauten ihn zum Dreiachser, zum Cabrio oder zum rollenden Würstchenimbiß um, wieder andere bewahrten ihn wie er war. Sammler fanden sich zusammen (den ersten Club hatte es allerdings schon Jahre vor der Wende in der alten Bundesrepublik gegeben), ver-

Es geht los: Messeauftritt der kompletten Familie der P 50-Limousinen.

Statussymbol Trabant. Allerdings scheint der Hintergrund dieses Pressefotos etwas zu luxuriös gewählt.

teidigten ihren Liebling gegen beißende Kritik aus dem Westen und neue Wegwerfmentalität im Osten. Clubs und Trabi-Stammtische gründeten sich in großer Zahl, das neue Werksmuseum in Zwickau bekam Zulauf, sogar ein Denkmal ist entstanden.

Die Nostalgie hatte sich des Trabants bemächtigt, nicht nur in den neuen Bundesländern. Am 7. November 1997 feierten die Trabantfreunde den 40. Geburtstag mit einer runden Party im Werksmuseum. Der Trabant lebt, die neunziger Jahre sind sein Jahrzehnt. Er hat Platz genommen in der Ahnengalerie der Automobilgeschichte, gleichberechtigt neben Volkswagen „Käfer" oder der „Ente" von Citroën, und wird diesen Platz nicht mehr räumen.

Ein Stück Alltag der DDR

Denn auch „Auto des Jahrzehnts" ist eigentlich zu wenig. Vor den bewegten Geschehnissen ab 1989 verkörperte der Trabant 30 Jahre lang den Alltag in der DDR. Der war grau und in vielerlei Beziehung belastet, wenn auch längst nicht alles traurig war, was Trabant-Eigner rund um ihr Auto und überhaupt erlebten. Sie haben ihren Trabant verwünscht und gehätschelt, sie konnten kein gutes Haar an ihm lassen und ihn kurz darauf über den grünen Klee loben, sie haben mit ihm gelebt. Und das Leben in der DDR war immerhin von solchem Ernst, daß die Menschen Anlaß sahen, in einer einzigartigen, friedlichen Revolution die einengenden und bedrückenden Verhältnisse des Sozialismus abzuschaffen. Am Trabant läßt sich dieser Alltag in der DDR so lebhaft nachvollziehen wie an keinem anderen Produkt. An seiner Entstehung und Weiterentwicklung zum Beispiel, an den Produktionsverhältnissen im Werk, an den Wartezeiten, am Verkaufspreis und der Verwendung des Erlöses, an der Ersatzteilversorgung und nicht zuletzt an den vom Politbüro der SED als oberste Machtinstanz eigenhändig verpatzten Chancen, zu einem modernen Nachfolger zu kommen. Das alles ist der Trabant. Er steht für eine ganze Epoche, die vielen Reaktionen auf ihn nach 1989 eingeschlossen.

Immer war der Trabant in Diskussionen und Rivalitäten zwischen Ost und West eingebunden. Zuletzt und heute in der unterschiedlichen Auffassung zum Stellenwert als Oldtimer. In den sechziger Jahren, als der Trabant mehr und mehr den An-

Keine Szene aus der DDR: Solche Schrottplätze gab es in den fünfziger Jahren nur im Westen, hier in Belgien.

schluß an den internationalen Stand der Technik verlor und in der DDR oft und sehnsüchtig auf die Technik von Westautos geschaut wurde. Und ganz zu Beginn stand diese Rivalität sogar für eine technologische Überlegenheit des sozialistischen Wirtschaftssystems über das marktwirtschaftliche, in welcher Ausprägung auch immer. Damit war weniger die rundum gelungene Konstruktion des Ur-Trabanten P 50 gemeint, als das im Osten propagandistisch immer wieder ausgeschlachtete Ereignis des erfolgreichen Starts des Sputnik am 4. Oktober 1957. In der Tat war die westliche Welt, vor allem natürlich die Raumfahrtnation USA, blamiert, weil die Sowjet-Union als erster einen Flugkörper in das All schießen konnte. Flugs hielten die Propaganda-Schreiber der sozialistischen Medien - sie hatten kraft Auftrag und ganz offiziell die Politik der Partei zu unterstützen - den Beweis für die östliche Überlegenheit in Händen. Und als ein Wettbewerb zur Namensfindung für den P 50 den Begriff „Trabant" kreierte, eingedenk des großartigen Sputnik, paßte das glänzend in die Inszenierung in Zeitung, Radio und Fernsehen, auf den Kundgebungen zum 1. Mai oder beim Parteitag. Der Kleinwagen aus Zwickau sollte allüberall auf den Straßen der DDR und anderswo an den Erdtrabanten aus Rußland erinnern.

Der treue Begleiter

Nun gut, der Sputnik war bald vergessen. „Trabant", das paßte aber auch so. „Abhängiger, unselbständiger Begleiter", so definiert der Duden das Wort, das vermutlich aus dem Tschechischen stammt und dasselbe ausdrückt wie „Sputnik" in der russischen Sprache. Ein Begleiter ist der Trabant seinen Besitzern wahrhaft geworden, ein guter, treuer, klaglos seinen Dienst versehender Begleiter. Was hat er ihnen nicht alles ermöglicht in seiner aktiven Laufbahn. Waren schon die Reiseziele für die Bürger der DDR eingeschränkt und die wenigen erreichbaren im sonnigen Süden durch Devisenbeschränkungen noch weiter weg als es Kilometer aussagen, im Alltagsauto Trabant ließ sich die Reise nach Bulgarien trotz allem antreten. Mit Wohnwagen und Surfbrett an den Balaton nach Ungarn, der Trabant sagte nicht nein. Skilanglauf in der Hohen Tatra, Kurzvisite in Prag, Freundschaftsbesuch in Warschau (aus politischen Gründen nur ein paar Jahre möglich) oder in Ausnahmefällen eine Abenteuerreise durch Teile der Sowjet-Union, für alles war der Trabant zu gebrauchen. In technischer Hinsicht brauchten sich die Reisenden keine Sorgen zu machen. Campingausrüstung und Verpflegung von daheim bildeten

Als es schon zu spät war:
Bild einer Fotoserie für Anzeigen
im Jahre 1990, die das Werk dann
aber nicht freigab.

WARTBURG
LA 29-91

die Voraussetzung, einen solchen Urlaub zu finanzieren. Im obligatorischen Pkw-Anhänger mußten auch ein paar unauffällige Gastgeschenke als Zahlungsmittel im fremden Land Platz finden, auf dem Rückweg die ergatterten Souvenirs. So rollte der Trabant, überladen bis an die Schmerzgrenze, umhegt und gepflegt von der Besatzung, meist über schlechte Straßen, klaglos dem Ziel entgegen.

Und zu Hause war es nicht anders. Wer in der Mangelgesellschaft das Gesuchte oder das irgendwann einmal zu Suchende bekommen konnte, griff zu. Der Trabant schaffte sogar Baumaterial für die ersehnte Garage heran. Das Leben in der DDR brachte es mit sich, ständig organisieren und improvisieren zu müssen. Auch der Trabant 601 ist ein Produkt ständiger Improvisation, die Verantwortlichen im Werk konnten ein Lied davon singen.

Wäre der berühmte Werbeslogan aus den sechziger Jahren „er läuft und läuft und läuft und....." nicht schon an den Volkswagen Käfer vergeben gewesen, man hätte ihn für den Trabant erfinden müssen. Überhaupt gibt es einige Parallelen zwischen den Käfern der fünfziger und sechziger Jahre in der alten Bundesrepublik und dem Trabant. Jeder Käfer-Fahrer spürte immer ganz genau, wie sehr sich sein Auto anstrengen mußte, wenn es den Berg hinauffuhr. Der Trabant-Fahrer ist ebenfalls ganz Ohr. Ein knatterndes, ächzendes oder im Falle des Käfers heulendes Auto stellt einfach viel eher eine Beziehung zu seinem Besitzer her als ein surrendes Etwas in Form eines modernen Autos der späten neunziger Jahre. Da nutzt auch die einseitige Kommunikation über den Bordcomputer nichts. Eine Parallele zum Käfer sind außerdem die vielen technischen Weiterentwicklungen des Trabant. Mal ein Schritt, mal ein Schrittchen, so gingen beide Hersteller voran. Der VEB Sachsenring durfte nicht anders, Volkswagen hätte gedurft, handelte aber leichtsinnig und wäre Anfang der siebziger Jahre deshalb beinahe untergegangen. Das Trabant-Werk ereilte dieses Schicksal tatsächlich und zwar in dem Augenblick, als es sich mit seinem veralteten Produkt dem Markt stellen mußte. Aber hüben wie drüben wurde über Jahrzehnte jede kleine Änderung von den Eignern und Interessenten erfreut aufgenommen oder zumindest heiß diskutiert.

Garant der (eingegrenzten) Reisefreiheit: 601 in der Tschechoslowakei.

Mangel an Zulieferern

Verlief auch die Entwicklung von Trabant und Käfer in mancher Hinsicht ähnlich, so war doch der Werdegang der Autoindustrie in Ost und West insgesamt sehr unterschiedlich, trotz der gemeinsamen Basis im Jahre 1945. Zwar verfügte die DDR über das sächsische Industriezentrum in Chemnitz und Zwickau mit der 1932 gegründeten Auto Union (Sitz in Chemnitz), die die Werke Audi (Zwickau), DKW (Chemnitz), Horch (Zwickau) und Wanderer (Chemnitz) umfaßte, außerdem über BMW in Eisenach und an den Standorten Hainichen, Werdau und Zittau über drei Nutzfahrzeugbetriebe, es fehlte aber in großem Maße an der Zulieferindustrie. So herrschte 1945 und in den ersten Jahren danach ein eklatanter Mangel an Einspritzpumpen, Kupplungen, elektrotechnischem Zubehör, Federn,

Links: Der große „Kollege" des Trabant ist heute ebenfalls ein Klassiker: Wartburg 311, aufgenommen natürlich am Fuße der Wartburg.

Erste Entwicklung aus Eisenach nach 1945: der EMW

Stoßdämpfern oder Kardangelenkwellen. Zwangsweise Enteignungen als Ausdruck der neuen Wirtschaftspolitik unter dem Schlagwort „Überführung in Volkseigentum" vertrieben zudem zahlreiche Betriebsinhaber. In vielen Fällen siedelten sie samt leitenden Mitarbeitern in die Westzonen und später in die Bundesrepublik über und nahmen außer ihrer Schaffenskraft auch einen großen Teil des Wissens mit.

Im Gegensatz zu den westlichen Siegermächten hielt die Sowjet-Union viel länger und weit konsequenter an den vereinbarten Reparationsleistungen fest. Nicht nur das sprichwörtliche zweite Gleis der Reichsbahn wurde demontiert und nach Rußland gebracht, auch eine hohe Zahl von Maschinenparks aus den Fabriken, in vielen Fällen, ohne jemals eine Verwendung im vom Krieg gezeichneten und technisch rückständigen Bestimmungsland Sowjet-Union zu finden. Um aus dieser schwierigen Situation das Beste zu machen, gründeten die deutschen Behörden der Sowjetischen Besatzungszone schon 1946 die „Industrieverwaltung Fahrzeugbau", kurz IFA. Unter diesem später so bekannt gewordenen Markenzeichen wurden zunächst alle Firmen aus der Kraftfahrzeugbranche vom Zulieferer bis zum Auto- und Motorradhersteller zusammengefaßt. 1948 entstand unter der IFA-Flagge die Vereinigung Volkseigener Betriebe (VVB) Automobilbau. Sie existierte bis 1977, danach wurde sie in drei Kombinate, darunter eines für Personenwagen, aufgeteilt.

Die Startbedingungen an den beiden Pkw-Standorten Zwickau/Chemnitz und Eisenach fielen sehr unterschiedlich aus. In Thüringen verzichteten die Besatzer auf Demontage und gestatteten, größtenteils zum eigenen Nutzen, die Produktion des BMW 321, des Sportwagens 327 und ab 1949 der bemerkenswerten Weiterentwicklung BMW/ EMW 340. Auch die Motorrad-Tradition von BMW wurde in Eisenach eine Weile fortgesetzt. In Sachsen war alles schwieriger. Die Demontage erfolgte gründlich, die Besatzungsmacht gab restriktive Befehle. Zwar rollte zwischen 1946 und 1949 aus dem Zwickauer Horch-Werk eine kleine Serie von Lastwagen, bei diesem Zwischentyp H 3A handelte sich aber nur um die Verarbeitung vorhandener Teilebestände. Immerhin war er der Auftakt für den VEB (Volkseigener Betrieb) Kraftfahrzeugwerk Horch, der bis zur Vereinigung mit dem Nachfolgebetrieb von Audi zum VEB Sachsenring Automobilwerke Zwickau 1958 leichte Lastwagen baute. Als letztes Erbe des großen Namens Horch entstand von 1956 bis 1959, also auch unter dem Markennamen Sachsenring, die Sechszylinder-Limousine P 240. Ihr blieb übrigens jeder Erfolg verwehrt, sie paßte nicht in das IFA-Programm und konnte sich gegen internationale Konkurrenz nicht behaupten. Die beiden Werke in Chemnitz beschäftigten sich nach entsprechender Rekonstruktion mit dem Transporterbau - ab 1961 in Form der Eigenentwicklung Barkas - und der Motorenherstellung für Sachsenring.

Neue Wege mit Duroplast

Mit dem VEB Sachsenring war aber das Trabant-Werk geboren, ein Neuanfang, der immerhin von einiger Dauer sein sollte. Die Audi-Tradition hatte man zuvor schrittweise abgebaut, hieß der erste „volkseigene" Betrieb noch VEB Automobilwerk Audi Zwickau, wurde bald in VEB Automobilwerk Zwickau (vorm. Audi) umfirmiert, ehe er in Sachsenring aufging. Begonnen hatte es dort 1949 mit dem Weiterbau des Vorkriegs-DKW als IFA F8. Schon 1950 war der IFA F9 dazugekommen, der kurz vor dem Krieg von Auto-Union noch entwickelte, dann aber nicht mehr in Serie gebrachte Dreizylinder-DKW. Während dessen Produktion 1953 nach Eisenach verlegt wurde, dort die BMW-Produkte ablöste und so zum Vorgänger des berühmten Wartburg 311/312 (1955 bis 1966) wurde, wagte man sich im ehemaligen Audi-Werk an etwas ganz Neues: an die Herstellung der Duroplast-Karosserie. Der P 70, von 1955 bis 1957 rund 36.000 mal gebaut, wurde zu einer Art Versuchsträger der neuen Technik für die spätere Trabant-Karosserie. Der P 70 fußte technisch auf dem IFA F 8 und stellte ein eher unförmig gestaltetes, sehr einfaches, aber durchaus in die Zeit passendes Fahrzeug dar.

Das Interesse an der Kunststoffbeplankung eines Karosseriekörpers entstand nicht ganz freiwillig. Der kalte Krieg war schon in vollem Gange und die DDR, selbst ohne nennenswerte Stahlproduktion, hatte Mühe, die erforderlichen Stähle auf dem westlichen Markt zu erwerben. Natürlich übten sich beide Seiten in der psychologischen Kriegsführung, die DDR saß hier aber, was die Auswirkungen auf die Wirtschaft angeht, offenbar am kürzeren Hebel. Deshalb kamen die Ingenieure auf die Idee der Duroplast-Beplankung (siehe Seite 91 ff.).

Läßt man einmal die Zwischenlösung P 70 und den Irrweg P 240 außer Acht, stellte der völlig neue Kleinwagen Trabant den zweiten Verteter der neuen Generation von DDR-Personenwagen. Wie beim eleganten Wartburg aus Eisenach war man damit auf der Höhe der Zeit. Der Zweitaktmotor hielt noch seine Stellung, die weitere Technik mit Frontantrieb und (beim Trabant) quer eingebautem Motor, das Platzangebot und die Linienführung konnten sich sehen lassen.

Warum ging in den Folgejahren der Anschluß an den internationalen Stand der Technik verloren? Schuld hatte nicht das Werk an sich, schon gar nicht lag es an der Enwicklungsabteilung. Die Reihe respektabler Prototypen (Seiten 82 f.) zeigt dies eindrucksvoll. Hätte man die Zwickauer nur gelassen! Die zentralistische Wirtschaftsführung, ihre fachfremden, nur an vordergründigem Sparen orientierten Entscheidungen gegen den Fortschritt im Automobilbau, der niedrige Stellenwert der Autoindustrie und des Verkehrswesens in der Rangordnung sozialistischer Wirtschaftsförderung töteten alles Streben nach echter Verbesserung ab. 85 Prozent der Erlöse mußte das Werk an den Staat abführen, der dann von solchen Einnahmen die enorm hohen Ausgaben für soziale Leistungen bestreiten wollte. Knapp 200 Milliarden Mark steuerte die Wirtschaft insgesamt zum Haushalt der DDR im Jahre 1988 (Gesamtvolumen rund 290 Milliarden) bei, erhielt aber an Mitteln nur und 80 Milliarden zurück. So kam ein Preis für den Trabant 601 S de luxe von rund 12.000 Mark zustande, bei einem Durchschnittsnettoeinkommen des privaten Haushaltes in der DDR, in der Regel mit zwei Verdienern, von rund 1800 Mark (Beispiel 1986). Die Idee, über nicht lebensnotwendige Güter Mittel abzuschöpfen und dann allen zugute kommen zu lassen zum Beispiel in Form niedriger Mieten, hat ihre Faszination. Sie ging aber nicht auf, trotz des hohen Preises für den Trabant war die Nachfrage so groß, daß der Bedarf nicht gedeckt werden konnte. Natürlich auch deshalb, weil notwendige Investitionen im Werk unterblieben und zum Teil sehr unrationell produziert werden mußte. Eine Jahresproduktion von 150.000 Fahrzeugen war Ende der achtziger Jahre für einen Kleinwagen ein ausgesprochen schwacher Wert. Jede Eigenständigkeit blieb dem Werk verwehrt, schließlich wachte die Partei auch im Betrieb. Die grotesk langen Lieferfristen für den Trabant bauten sich auf und hatten eine hohe Nutzungsdauer der Altwagen zur Folge sowie einen zu großen Aufwand für die Ersatzteilfertigung, nämlich in allen Pkw-Werken im Schnitt 30 Prozent der Gesamtaufwendungen.

Dabei hatten die Trabant-Interessenten noch das Glück, daß der Wagen im Export nicht begehrt war. Im Westen lief er nur kurze Zeit in wenigen Ländern, so in Belgien und den Niederlanden, in Dänemark, Island und in der Bundesrepublik, hier übrigens zum Preis von rund 3500 DM für den 601 des Jahres 1965. (In der DDR zu dieser Zeit: knapp 8000 Mark). Der Export in die anderen sozialistischen Länder, oft als Tauschgeschäft abgewickelt, erhielt zwar eine feste Größenordnung, der Mangel an Fahrzeugen im Binnenmarkt lag aber nicht wie bei anderen Konsumgütern an zu starkem Export. Knapp 30.000 Trabant gingen zwischen 1959 und 1973 in den Westen (davon rund 900 in die Bundesrepublik), rund 370.000 in sozialistische Staaten.

Den Anschluß verpaßt

Schon mit dem 601 begann der aussichtslose Wettlauf um den Anschluß an den technischen Stand in der automatischen Welt. Der 1964 neue Trabant war im Grunde veraltet. Er mußte den Radstand des 600 behalten, also ein Kleinwagen bleiben. Kein neuer Motor, keine völlig neue Karosserie, keine neue Fertigungsmethode, nichts davon hatte den Segen von oben. Mit Geschick schufen die Entwerfer ein optisch neu wirkendes Auto, das der heimischen Kundschaft durchaus gefiel.

Doch das Gefühl, mit dem Trabant der Entwicklung hinterherzuhinken, machte sich von Jahr zu Jahr immer deutlicher breit. Vor allem, als ab Mitte der siebziger Jahre Besucher aus der Bundesrepublik mit dem Auto in die DDR einreisen durften und der Strom von Westautos an Ostern oder zu Jugendweiheterminen immer länger wurde, wußten aufmerksame DDR-Bürger, was ihnen bei Trabant und Wartburg und den russischen, tschechischen und rumänischen Importen entging. Nichts war in jenen Jahren so interessant wie ein in der Nachbarschaft abgestelltes Exemplar des Golf I. Intensive Besichtigungen und Fachsimpeleien ließen nicht lange auf sich warten, zumal kurze Zeit später tatsächlich 10.000 Golf in die DDR geliefert wurden.

Beim Trabant gab es all die Jahre nur kleine Schritte, keine großen Innovationen. Duplex-Bremsen im Jahre 1967, drei PS mehr 1969, Verbesserungen am Motor, um ein günstigeres Mischungsverhältnis Öl zu Kraftstoff zu erreichen im Jahre 1974, erst 1980 Zweikreisbremssystem, erst 1984 eine Zwölf-Volt-Anlage und erst 1986 (in der Serie ab 1988) Schraubenfedern hinten statt der guten alten Querblattfeder. Alles wichtige Schritte, aber alle sehr spät, letztlich zu spät und viel zu wenig, um den Trabant fit zu halten. Nur die unglaubliche Strapazierfähigkeit und die - in einem Land mit schlechtem Service sehr bedeutsame - Reparaturfreundlichkeit blieben neben dem Frontantrieb und der Raumausnutzung Vorteile des Trabant 601 bis zum letzten Tag.

Vom Museum zum eigenen Denkmal

Die Stimmung war also nicht die beste, als der neue Trabant in Gestalt des alten, aber mit dem modernen VW-Motor erschien. Zwar herrschte noch Ruhe in der DDR, die Wochen der friedlichen Revolution standen aber unmittelbar bevor. Die Mitteilung im Sommer 1989, der Trabant 1.1 würde knapp 20.000 Mark kosten, löste Empörung aus, vorläufig noch hinter vorgehaltener Hand. Angeblich soll der 1.1 deshalb nicht auf der Leipziger Messe gezeigt worden sein, weil man Unmutsäußerungen am Messestand befürchtete. Drei Monate später konnten die drei Automobilzeitschriften der DDR offen die Problematik der Autoindustrie in der DDR beleuchten (siehe Seite 136 ff.), die Dinge nahmen ihren geschichtlich so bedeutsamen Lauf. Am 30. April 1991 lief der letzte Trabant 1.1 vom Band. Am 21. Mai des Vorjahres war der erste dieses Typs gleich ins Museum gerollt, als der dreimillionste Trabant überhaupt. Neben ihm wartete der erste in Zwickau montierte Volkswagen Polo auf die Fotografen.

Mit dem Ende des Trabant war seine Geschichte noch längst nicht abgeschlossen. Es begann die Zeit der Emotionen rund um dieses kleine, liebenswerte Auto. Je mehr sich nach der deutschen Vereinigung die hochgesteckten Erwartungen der ehemaligen DDR-Bürger an den neuen Staat in wirtschaftlicher Hinsicht nicht erfüllten, um so mehr entsannen sie sich nun wieder ihres Begleiters von einst. Erinnerungen speichern meist nur das Gute, die Nostalgie erfaßte den Trabant, um so mehr, als es aus dem Westen immer wieder Spott und Kritik setzte. So an den Abgasen (siehe Seite 96) oder der passiven Sicherheit. Fahren wollten die meisten den Trabant zwar nicht mehr - außer echten Fans und jenen, die einen Gebrauchtwagen suchten, der in der Anschaffung fast nichts mehr kostete. Aber in der Erinnerung lebt er bei allen weiter, die ihn längere Zeit gefahren haben und fahren mußten. Er hat sie schließlich ein Stück ihres Lebens begleitet, und das läßt sich nicht verdrängen oder gar wegwerfen. Selbst die vielen Trabant-Wracks am Straßenrand in der unmittelbaren Nach-Wendezeit können daran nichts ändern.

Noch sind etwas mehr als vier Millionen Trabis (Stand 1997) im Verkehr. Viele versehen unbeachtet ihren treuen Dienst, nicht wenige aber - und deren Zahl wächst - rücken in den Mittelpunkt aktiver Freizeitgestaltung. Die Szene lebt, viele tausend Trabant-Eigner treffen sich alljährlich in Zwickau, seit 1998 hat ihr Auto sogar ein Denkmal. Der Trabant ist unsterblich.

Die Szene

Kaum etwas deutete darauf hin, nur wenige hatten damit gerechnet. Nicht die früheren Nutzer im DDR-Alltag, nicht das Werk und auch nicht die etablierte Oldtimerszene in der alten Bundesrepublik, wo man bis heute Schwierigkeiten hat mit der Einordnung dieses Wagens: Der Trabant ist ein Kultauto geworden. Eigentlich war Mitte 1990 alles zu Ende. Die eigene Kundschaft wollte den Zwickauer nicht mehr haben und zog selbst schlechte Gebrauchtwagen aus dem Westen einem neuen Trabi vor. In falsch verstandener Freiheit entsorgten tausende Trabant-Eigner ihr Fahrzeug einfach am Straßenrand, ohne die Folgen für die Umwelt zu beachten, die Medien der untergehenden DDR nutzten ihre neue Freiheit und setzten sich mit dem Herstellerwerk und den politisch Verantwortlichen kritisch auseinander. Noch ein Jahr zögerliche Produktion des 1.1 und dann aus und vorbei, der Trabant hatte sich überlebt, so schien es....

Sie feiern ihren Trabi und sich selbst. Wenn das nichts ist...

Blickfang beim Volksfest

Als Trabi kam er wieder. Manch ein ehemaliger DDR-Bürger, ernüchtert vom Reinfall mit dem Gebrauchtwagen „von drüben“, erinnerte sich an die Qualitäten des treuen Begleiters, jetzt für ganz wenig Geld zu haben. Anderen ging die Mäkelei aus dem Westen auf den Geist, sie fanden es an der Zeit, die guten Seiten des DDR-Volkswagens zu betonen. Außerdem wollte man Spaß haben und an einem Auto herumbasteln. Im Kino lief „Go Trabi go“ mit gutem Erfolg. Ein witzig-übertreibender Klamauk um die erste Italienreise einer DDR-Familie nach der Grenzöffnung.

Konversion: Ehemalige Kübelwagen der Armee erfahren ein zweites Leben

Es dauerte nicht lange und schrille Farben, Cabrio-Umbauten, skurrile Airbrush-Verzierungen, verlängerte oder verkürzte Limousinen gehörten zum Trabi. Werbeobjekte als rollender Zapfhahn, Imbißstand, „Kleinbus“ für Stadtrundfahrten oder mit der Kulisse eines Betonmischers machten Laune. Die Szene gedieh und sie tut es bis heute. Viele Dutzend Stammtische treffen sich unter dem Zeichen von Sachsenring.

Der erste Club stammt aus dem Westen

Trotzdem hatte es den ersten Club noch in der alten Bundesrepublik einige Jahre vor der politischen Wende in der DDR gegeben. Die IG Wartburg Trabant Barkas hatte sich schon 1985 zusammengefunden. Ihr im Westen damals oft belächeltes Interesse an den ostdeutschen Fahrzeugen stieß im IFA Kombinat Personenkraftwagen allerdings auf keinen Widerhall. Westkontakt auf offizieller Ebene war im Geiste einer intensiven Abschottung einfach tabu. Die Mitglieder der IG halfen sich mit vorsichtig gepflegten privaten Verbindungen, auch nach Zwickau. Es ging dabei um nichts anderes als um ein paar Tips zum Umgang mit den seinerzeit jenseits des eisernen Vorhangs nahezu unbekannten Fahrzeugen. Clubs gab und gibt es auch in Belgien, Holland und England, die Exporttätigkeit - überwiegend allerdings von Wartburg - hatte über Jahre Interesse wachsen lassen. In der DDR stand der Trabant noch zu sehr im harten Alltagseinsatz, als daß sich ein Freundeskreis gefunden hätte. Zu Oldtimerehren hatten es bis 1989 nur F8, F9 und in Ansätzen der P 70 gebracht. Auch bei unveränderten Verhältnissen hätte sich der P 50 sicher bald dazugesellt.

Endgültig denkmalwürdig: in Zwickau steht diese Skulptur seit Sommer '98.

Heute existiert das Internationale Trabant-Register „Inter Trab e.V“, um möglichst die Clubaktivitäten der Trabi-Szene zu koordinieren. Es gibt seit 1991 die Zeitschrift „Du und Dein Trabant“ heraus, die inzwischen zusammen mit dem Magazin „Super Trabi“ erscheint. Sozusagen im Doppelpack geben beide viermal im Jahr in professioneller Weise Einblicke in die bunte Welt des Trabi heute und in seine Geschichte. Zur IG Wartburg Trabant Barkas gehört ebenfalls eine sehr informative Zeitschrift, das „IFA Journal“ gilt als die meistgelesene IFA-Publikation, selbstverständlich mit Bezug auf alle IFA-Fahrzeuge. Auf lokaler Ebene trägt eine Reihe weiterer Zeitungen und Zeitschriften zur Trabi-Szene bei. Überhaupt lebt die Szene von den vielen örtlichen Clubs und Stammtischen.

Kinostart: In „Go Trabi go“ kam der Trabant zu Filmehren.

Das unbestrittene Großereignis ist das alljährliche Treffen in Zwickau. Ermittlung des

Eine „Hochzeitskutsche“...

Bunt, schrill und schön: das große Trabitreffen

Ob breite Reifen (oben) oder auffällige Lackierung, die Trabi-Szene akzeptiert nahezu alles.

„Super Trabi“ in zehn verschiedenen Kategorien, ein technischer Wettbewerb für Schrauber und Bastler, viel Unterhaltung für die Teilnehmer jeden Alters - ein Höhepunkt ist die Wahl der „Trabi-Queen“ - , Basar von Ersatzteilen bis zu allen möglichen und unmöglichen Trabi-Souvenirs und natürlich die Begegnung selbst lassen das Wochenende im Juni wie im Flug vergehen. 1998 hat der Trabi in diesem Rahmen nun sogar ein Denkmal erhalten. Bildhauer Bertold Dietz aus Lichtentanne stellt dabei den Trabi mit einer Personengruppe dar, für die Finanzierung des Projektes sorgten zahllose Spender aus der Szene und öffentliche Zuschüsse. Die Trabifreunde kennen keine Schranken der Abgrenzung, wie sie lupenreine Oldtimerclubs oftmals pflegen. Hier ist der „wild“ getunte 601 genau so willkommen wie der original aussehende und liebevoll aufgebaute P 50. Grünweiße Dienstwagen mit der Aufschrift „Polizei“ hat es nie gegeben im „richtigen“ Leben des Trabant, auf dem Treffen ist er gern gesehen. Und der zum Pickup umgebaute 601, gestaltet nach dem Motto „Chrom und Flammen“ , nimmt ebenso teil wie der rare Vorserienwagen des 1.1, auf Umwegen vor dem Verschrotten bewahrt und in Sammlerhand geraten. Sogar ein Zwitter aus den frühen 60er Jahren, ein 600 mit Motorhaube und Frontteil sowie nachträglich angebrachten Rückleuchten des 601 ist unter den vielen tausend (!) Teilnehmerfahrzeugen zu finden. Der 601 Universal als Fußballfanauto mit Unterschriften aus der Bundesliga hat sogar einen passenden, als Umbau aus einem gleichen Typ entstandenen Anhänger. Alles ist erlaubt, wogegen der TÜV keine Einwände hat und alles wird gemacht. Spaß suchen die Menschen, sie feiern sich und den Trabant und sie freuen sich über das, was ihnen dabei begegnet. Wenn das nichts ist....

Restaurierung

Die ganze Problematik von Produktion, Verfügbarkeit und Ersatzteilen, die den Trabant von Anfang an begleitet hat, betrifft auch den interessierten Oldtimerfreund. Sofern es sich beim Objekt der Begierde nicht um ein Exemplar aus den letzten zehn Jahren handelt, muß der Liebhaber damit rechnen, ein „im ersten Leben“ mehrfach umgebautes und erneuertes Fahrzeug zu bekommen, vielleicht sogar einen P 50 mit der Karosserie des P 601. Alte

Historische Eskorte beim großen Treffen.

Trabis im Originalzustand gibt es kaum, die früheren Besitzer waren meist gezwungen, ihr gutes Stück mit immer neuen Nachbesserungen am Leben zu erhalten.

Begehrtes Objekt aus der frühen Zeit.

Das kann für den Oldtimerkäufer von heute auch Vorteile haben, zum Beispiel dann, wenn die alte Bremsanlage in Simplex-Ausführung durch die Duplex-Bremse ersetzt worden war. Oder wenn das Stahlblechgerippe eines P 50/P 60 durch viel jüngere Teile aus dem P 601 ergänzt wurde. Der Käufer mit Restaurierungsabsichten sollte sich möglichst genau informieren, was mit dem Fahrzeug im Laufe seines langen Lebens geschehen ist. Je häufiger nachgebesssert wurde, um so einfacher ist die Ersatzteilbeschaffung. Die Sachsenring Automobiltechnik als Nachfolgebetrieb des VEB Sachsenring hat innerhalb des Geschäftsbereiches Fahrzeugtechnik das Segment Ersatzteilvertrieb eingerichtet und versorgt die Szene mindestens bis zur Jahrtausendwende mit Teilen für den P 601. Auch andere Anbieter bedienen diesen Markt. Für den P 50/P 60 ist die Ersatzteillage generell sehr schwierig, hier geht es Trabifreunden nicht besser als vielen anderen Markenenthusiasten. Nachfertigungen für veschiedene Trabantteile haben bereits begonnen. Als „neuzeitliche" Ergänzung werden auch ungeregelte Katalysatoren angeboten. Um optimale Wirkung zu erzielen, sollten sie möglichst nah am Motor plaziert sein.

Der Spaß mit einem restaurierten Trabi kann, abhängig vom Arbeitsaufwand, durchaus teuer werden. Günstig ist aber die Anschaffung, fahrbereite 601 in Alltagszustand sind für wenige hundert DM zu bekommen, toprestaurierte Exemplare kosteten Ende der neunziger Jahre bis zu 2000 DM. Für P 50/P 60 sind liegen die Preise zwischen 3000 und 4500 DM.

Die Schwachpunkte

Leider entpuppt sich die Annahme als falsche Hoffnung, ein Auto mit Kunststoffbeplankung habe keine Rostprobleme. Auch der Trabant kann ro-

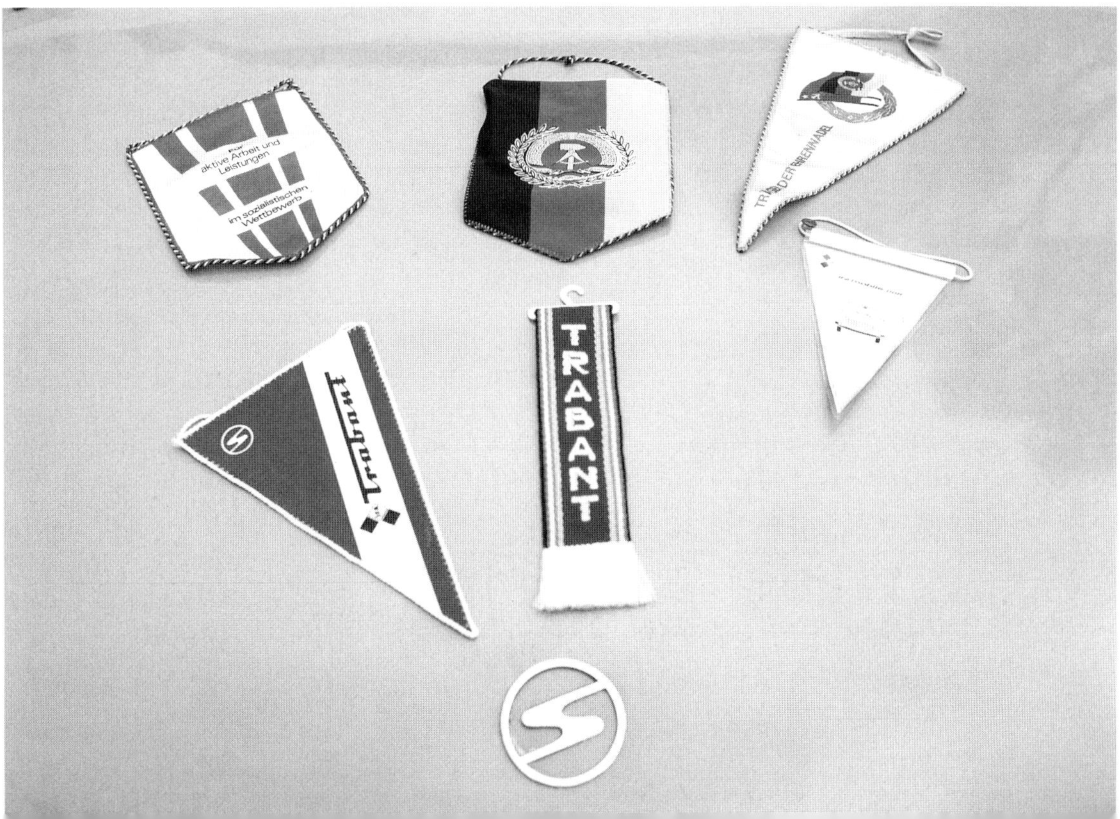

Im Zeichen des Sachsenring: Wimpel und Souvenirs.

Extrem und einmalig: Dieser Trabi, ein teilweise zum 601 mutierter 600, stammt aus dem Werk, der Wohnanhänger LC 9 aus Weferlingen allerdings aus der Serie.

Der Trabi zieht und zieht...

Kühn-gelungene Umbauten zum Anhänger. Die Liebe zum Detail ist förmlich mit der Hand zu greifen...

Der Stretch-Trabant aus Dresden mißt stolze 5,55 Meter, unten das andere Extrem.

sten und zwar kräftig. Die Schweißpunkte des Stahlblechgerippes, dessen Naht- und Falzpunkte, die Flächen unter den Gummiabdichtungen und Hohlräume unter der Beplankung, zum Beispiel in den vorderen Kotflügeln, bedürfen besonderer Fürsorge. Wie bei vielen anderen Autos auch ist beim Trabant auf die Türschweller und die Wagenheberaufnahme zu achten.

In der Mechanik bereiten die alten Scharniergelenkwellen (bis Baujahr 1983) Kummer. Bei extremer Belastung brechen sie leicht. Dasselbe kann mit dem Hilfsrahmen zwischen Motorhalterung und Karosserie geschehen. Reißt er an der Motorhalterung ab, ist eine Reparatur kein großes Problem, bricht die Aufnahme an der Karosserie, ist kaum etwas zu machen. Ein Schwachpunkt der Motoren ist offenbar die Kurbelwelle. Das stellen nicht nur Trabi-Enthusiasten von heute fest. Auch das Ergebnis einer breit angelegten, allerdings nicht repräsentativen Umfrage von „Auto/Der deutsche Straßenverkehr" vom März 1990 brachte diese Punkte ans Tageslicht. Knapp 20 Prozent der Einsender nannten eine defekte Kurbelwelle als Beanstandung. Häufiger traten im Motorbereich nur Defekte an der Zündanlage auf. Die Umfrage nennt als gravierendes Problem Rost im Bereich der Türen und Türschweller (51,5 Prozent) und der Karosserie (43,5 Prozent), Undichtigkeiten im Bereich der Scheiben (36,2 Prozent) und durchgerostete Auspuffanlagen (31,8 Prozent). 900 Millionen Trabant-Kilometer repräsentiert diese Bilanz. Sie dokumentiert aber auch die hohe Zuverlässigkeit des Trabant, bei 85,2 Prozent gab es nie Startprobleme, bei 78,4 Prozent der 14.888 Einsender wurde der Trabant nie abgeschleppt.

Modelle

Rosige Zeiten für Sammler unter dem Zeichen des Trabant: die Popularität des Originals als Sinnbild des untergehenden Sozialismus und der politischen Wende animierte eine kleine Branche der Marktwirtschaft zu vielfältigen Aktivitäten, kurioserweise in dem Augenblick, als der „echte" Trabant als Produkt von der Bildfläche verschwand. Modelle des Trabi gab es in der ersten Hälfte der 90er Jahre in Hülle und Fülle. Nahezu in allen Größen und Qualitätsstufen erschien schon bald der Trabant, allein im populären Maßstab 1:87 oder „HO" („Halb null", abgeleitet von der Eisenbahnspur, die halb so groß war wie die Spur „Null") präsentierten drei Firmen eine oder mehrere Versionen. Der P 601 kam in 1:43 ebenso wie in 1:18. Einfaches Spielzeug mit Aufzugmechanismus, als Mitnahmeimpuls auf dem Ladentisch ab-

Trabi-Sammlung in 1:87: in der Mitte das DDR-Modell, links jeweils SES, rechts hinten Wiking, rechts unten Herpa.

gestellt, so präsentierten sich die einen, in aufwendigen Verpackungen mit Bezug zur Öffnung der DDR-Grenze am 9. November 1989 die anderen. Der Trabant als Modell war ein Thema und wie in jeder Sammlerszene ist das bis heute so geblieben, auch wenn sich die Situation beruhigt hat. Die Sammlerschar von Trabant-Modellen hat sich gefunden und erfreut sich an einer bemerkenswerten Vielfalt von Variationen zu einem und demselben Thema.

Denn das macht ja die Freude der Sammler aus: möglichst komplett will man sein, ob es sich nun um Originalgemälde handelt oder Bierdeckel oder eben um Modellautos. Die Welt des Autos bietet nun ein wahrlich weites Feld. Nach Marke, Fahrzeugkategorie, Maßstab oder Modellhersteller läßt sich sammeln, innerhalb großer Gruppen gibt es nochmals Unterteilungen. Zwischen den Maßstäben 1:2,5 und 1: 220 liegen noch 15 weitere Abstufungen. Viele Sammler von heute haben eher unbewußt als Kind begonnen und den Schuhkarton mit ihren Autos später vergessen. Zehn oder 15 Jahre danach kommt ihnen der Karton wieder zu Gesicht, und schon ist es geschehen. Schnell bekommt die Sache System, mehr Geld als früher steht auch zur Verfügung, es geht wieder los. Der eine sammelt nur Modelle von Mercedes aus der Nachkriegszeit, der andere nur Feuerwehren oder Omnibusse oder er sammelt eben den Trabant, oft neben anderen Vorbildern aus DDR-Produktion.

Kurz nach der deutschen Vereinigung benötigte man dazu außer einem gewissen Geldeinsatz nur genügend Aufmerksamkeit, damit einem keine interessanten Trabi-Neuheiten entgingen. Wesentlich schwerer hatten es zuvor die Sammler in der DDR. In der Tat hatte es mehrere Trabant-Modelle gegeben, nur wann und wo und wie lange das jeweils der Fall war, blieb ein Geheimnis. Insofern war die Jagd nach solchen Modellen in den Spielwarenläden und Modellbaufachgeschäften der DDR stilecht, denn Jagen gehört bekanntlich zum Sammeln. Um die in der DDR sehr aktive Szene der Modelleisenbahner scharten sich auch die Autoliebhaber, nutzten die knappe heimische Auswahl und bauten sich zudem eigene Modelle. Gemessen an westlichen Maßstäben waren die HO-Modelle aus der DDR im Nutzfahrzeugbereich gut. Die Personenwagen Wartburg, Skoda und Trabant im kleinen Maßstab konnten allerdings nicht mithalten.

Modelle in der DDR

Aus der Tradition der Spielwarenindustrie in Sachsen und Thüringen entstammten nach 1945 auch einige Modellautohersteller, die in der DDR teilweise noch lange unter eigenem Namen, oft aber schon mit staatlicher Beteiligung produzierten. Zu ihnen zählte die Firma Glittenberg in Zwickau. Sie brachte früh einen Trabant 500 im Maßstab 1:87 heraus, allerdings in sehr einfacher Ausführung. Durchbrochene, nicht mit „Glas" versehene Fenster und jeglicher Verzicht auf Ausgestaltung von Details prägen dieses frühe Trabant-Modell in Plastik. Deutlich besser, aber dennoch weit vom westlichen Standard entfernt, präsentierte schon kurz nach der Premiere des Originals die Firma Gerhard Kaufe in Kamenz einen P 601, ebenfalls in 1:87. Immerhin war der hintere Dachüberhang zu erkennen und die Räder relativ aufwendig gefertigt. Die

Viele Funktionen hat das aufwendige Modell von Vitesse im Maßstab 1:18.

Frontmaske zierte vorbildgerecht ein Sachsenring-Zeichen, das Fahrgestell war gut detailliert, die Fenster „verglast". Später erschien dasselbe Modell in einfacherer Ausführung, erkennbar vor allem am fehlenden Dachüberhang. Noch Anfang der achtziger Jahre gab es den kleinen, gelben Trabant in der DDR zu kaufen, später war er aus den Regalen verschwunden.

Zehn Jahre später setzte die gerade in diesem Maßstab seit Mitte der achtziger Jahre aufgeblühte westdeutsche Modellautobranche neue Maßstäbe für kleine Trabis. Wiking, über Jahrzehnte der Stammhalter der Plastikmodelle für die Eisenbahn, brachte 1991 seinen Trabant als Limousine des P 601. Eingesteckte Lampen vorn und hinten, Rückspiegel und Scheibenwischer, Anhängerkupplung (ohne Funktion), Inneneinrichtung und das farblich abgesetzte Dach belegen die Liebe zum Detail. Herpa folgte mit nochmals aufwendigeren Modellen von Limousine und Universal. Die brillant ausgeführte Zweifarblackierung entspricht weitgehend dem DDR-Vorbild, die Frontmaske ist sehr detailliert, sogar für den Innenspiegel, Schmutzfänger hinter allen vier Rädern und für die schwarzen Plastecken auf den Stoßstangen ist Platz. In meh-

Die kleinen Trabis vor dem Brandenburger Tor.

Original und Nachbau vereint (oben), strapazierfähiges Spielzeug mit Schwungradmechanismus (unten).

reren Jahren gab es verschiedene Bedruckungsvarianten. Die Deutsche Post (der DDR) wurde verewigt, der ADAC, die Feuerwehr Ravensburg oder einfach Kundschaft aus der Industrie, die einen Modell-Trabant mit ihrem Firmenlogo schmücken wollte. Dritter im Bunde von HO ist die Berliner Firma SES. Obwohl sie einige Modelle aus DDR-Produktion in ihr Sortiment aufgenommen hat, schuf sie für die Limousine des 601 eine neue Form. Das Modell existiert in zwei Fassungen, eine sehr einfache und eine im Material aufwendiger ausgeführte. Davon ziert auch ein Feuerwehrmodell manche Sammlung.

Die größeren Maßstäbe

Sehr populär als Spielzeug war in der DDR der Trabant 601 von Anker im Maßstab 1:20. Das robuste und gut detaillierte Modell hatte ebenfalls eine Plastikhaut und stand neben anderen, gleichartigen Modellen nach Vorbild von DDR-Autos im Regal. Den Spielwert erhöhte enorm der eigene Antrieb, entweder als Aufziehmechanismus oder mit Schwungrad. Vor dem 601 existierte ein ähnlich gebauter P 50 im Maßstab 1:25, der vermutlich ebenfalls von Anker stammte. Spielspaß total bietet in den neunziger Jahren der Fernlenktrabi im Maßstab 1:17 von Cronico und die Autorennbahn „Sachsenring“ aus dem selben Hause.

Eine Mittelstellung zwischen Spielzeug und Sammlermodell nahmen kurz nach dem Mauerfall für einige Jahre die Modelle in 1:43 ein, noch in der alten Bundesrepublik eingeführt. Die eher einfachen Trabis erfuhren eine Aufwertung durch ihre Verpackung in Deutschland-Farben und einem Foto des Brandenburger Tores als Hintergrund zum Modell, zum Beispiel beim Modell von Vitesse in Erinnerung an den Tag der Maueröffnung am 9. November 1989. Zwei andere Ausführungen waren dem Rallye-Trabant gewidmet.

Einen ähnlichen Hintergrund für die Verpackung, aber einen ganz anderen Perfektionsgrad (und einen anderen Verkaufspreis) wählte die portugiesische Firma Vitesse für ihren Trabant im Maßstab 1:18. In den passenden Sachsenring-Farben blau und beige steht das stattliche Modell vor der Berliner Kulisse. Als Metallgußmodell dieser Größe erlaubt es das Öffnen der Türen und der Motorhaube. Die Maschine ist konsequent nachgebildet, die Innenausstattung einschließlich eckigem Tacho - er paßt nicht ganz zu den anderen Details, weil er aus einer frühen Bauzeit stammt -, Lenkrad und Schalthebel sind angebracht, die Lenkung hat Funktion. Nur eine Duroplast-Beplankung weist das Modell nicht auf.... Dieser Trabi in 1:18 hat alle Chancen, zu einem gefragten Sammlerstück zu werden.

Das ist der Trabi im Maßstab 1:1 längst. Die Szene wird dadür sorgen, daß er unvergessen bleibt. Wer Kontakt mit organisierten Trabi-Freunden aufnehmen möchte, dem seien die beiden folgenden Adressen empfohlen. Dort wird jedem Interessenten weitergeholfen. Auf eine vollständige Liste aller Trabi-Clubs wird hier verzichtet, da die Szene ständig in Bewegung ist und die Kontaktadressen sich schnell ändern.

INTERNATIONALES TRABANT-REGISTER „INTER TRAB e.V.“

Edgar Haschke
Dr. Friedrichs-Ring 12
08056 Zwickau

oder

Ulrich Danz
Rathenaustraße 54
42277 Wuppertal

Der lange Weg zum Trabant

Auf dem Papier war alles ganz einfach. Das Präsidium des Ministerrats der DDR hatte einen Beschluß gefaßt, den es nun umzusetzen galt. Um dem Mangel an Autos aus volkseigener Produktion abzuhelfen, erhielt der Minister für Maschinenbau am 14. Januar 1954 die Weisung, einen Kleinwagen nach folgenden Eckdaten entwickeln zu lassen:

- Kleinwagen mit zwei Haupt- und zwei Nebensitzen
- Gewicht des fahrfertigen Wagens maximal 600 kg
- Kraftstoffverbrauch 5,5 Liter/100 km
- Jahresproduktion 12.000 Stück
- Preis 4000 Mark ab Werk.

Außerdem legte das Papier die Verwendung von Kunststoff für die Karosserie fest und hielt eine Entwicklungszeit von 18 Monaten für angemessen.

Daß es mehr als vier Jahre dauern sollte, bis der im Ministerratsbeschluß schon so genannte „Personenwagen 50" (die 50 weist auf 500 ccm Hubraum hin) erschien, ist eine ganz spezielle Geschichte des Automobilbaus in der DDR. Die Struktur der Autoindustrie mit der Vereinigung Volkseigener Betriebe (VVB) Automobilbau als Koordinierungsebene gegenüber den nicht selbständigen Fertigungsbetrieben stand einer zügigen Entwicklung im Wege. Die VVB war direkt der im Ministerium für Maschinenbau angesiedelten

Der ungeliebte Prototyp: Daraus sollte kein P 50 werden.

Aus der Zeit vor der Vereinigung der Werke: Angehende Kraftfahrzeug-Ingenieure entwerfen an der Technischen Hochschule Dresden fiktive Nachfolger des großen Sachsenring.

Hauptverwaltung Automobilbau unterstellt. Konkret ging es auch um die Rivalität zwischen dem zentralen Forschungs- und Entwicklungswerk (FEW) des VVB in Chemnitz (siehe Seite 39) und dem Automobilwerk Zwickau. Das Ergebnis waren Verzögerungen und sich zeitlich überlappende Parallelarbeiten in der Entwicklung. Das FEW, mit der Koordinierung des Projektes P 50 beauftragt, stellte den allerersten Trabant-Prototypen auf die Räder unter genauer Beachtung der Eckdaten aus dem Ministerrat, das Automobilwerk Zwickau als der ausersehene Produktionsbetrieb wollte aber eine bessere Lösung. Vor allem die Idee, hinten nur zwei Notsitze (vornehmerweise „Nebensitze" genannt) vorzusehen, stieß auf Mißfallen. Die Terminplanung hielt man auch nicht für realistisch, hinzukam, daß die Planungs- und Entwicklungsphase von immer neuen Stückzahlvorgaben und von Gerangel um Fördermittel begleitet war.

Dr. Winfried Sonntag, seit 1954 im ehemaligen Audiwerk als Technischer Direkor tätig und über sein ganzes Arbeitsleben in verschiedenen Positionen mit dem Trabant engstens verbunden, zeichnete werksseitig für die Entwicklung des P 50 nach der Vorgaben des FEW verantwortlich. Er wurde zunächst überhaupt nicht froh mit dem wichtigen Projekt. In einem als „streng vertraulich" apostrophierten Situationsbericht für die Regierungsebene vom 20. November 1956, als es um die Durchsetzung des endgültigen P 50 ging, listete Dr. Sonntag zusammen mit dem Haupttechnologen Fritz Hans rückblickend die Schwierigkeiten auf. Mal sei von 12.000, dann von 60.000 Stück die Rede gewesen. „Aufgrund dieser verschiedenen Forderungen seitens unserer Hauptverwaltung Automobilbau wurden von unserem Werk allein im Jahre 1955 vier verschiedene Varianten als Unterlagen für die Vorplanung der entsprechenden Stückzahlen der Hauptverwaltung zugeleitet. Dadurch wurden nicht nur 70 Prozent der Arbeitskapazität unserer Technologie gebunden, sondern auch eine ständige Unruhe um das Projekt P 50 erzeugt, was zeitweise zu einer Vertrauenskrise bei unseren Technologen führte". Unklarheiten über die bereitstehenden Investitionsmittel trugen ebenfalls zur Verunsicherung bei.

Der Kombi des Versuchs-
modells erinnerte an den
späteren P 70.

Der erste Prototyp fiel durch

Für den allerersten P 50, den als „Ur-Trabant“ in die Geschichte eingegangenen Prototyp des FEW aus dem Jahre 1954, kann die berühmte Volksweisheit Anwendung finden, wonach auf eine mißlungene Generalprobe eine geglückte Premiere (die des eigentlichen Trabant) folgt. Der Prototyp sah unförmig aus, war in seinen Maßen zu klein und hielt auf der Rückbank wie in den Eckdaten verlangt nur Platz für zwei Kinder bereit. Anfangs hatte man sogar die Idee verfolgt, mit Front- und Heckscheiben identischer Größe Kosten zu sparen. Zudem war die Verwirklichung der Kunststoffbeplankung noch nicht zu Ende gebracht, die Karosserie des Prototyps wies einen zu hohen Blechanteil auf.

Das allererste Exemplar des P 70 ist fertig.

Die Skepsis der Zwickauer hatte sich schnell bestätigt, der Prototyp konnte so nicht verwendet werden, den wenigen danach gebauten Wagen erging es genauso. Das bezog sich allerdings nur auf die Karosserie und die Maße. Fahrwerk und Motor entsprachen bereits weitgehend der späteren Lösung. Im Zwickauer Werk war man zunächst einmal froh, auf die früher schon angedachte und auch konkret durchgespielte Idee eines kunststoffbeplankten F8 zurückgreifen und so den Stillstand überwinden zu können. Der F 8 hatte die Personenwagenproduktion nach 1945 in Zwickau eingeleitet als Weiterbau des DKW F 8 aus der Vorkriegszeit (siehe Seite 103). Sein Sperr-

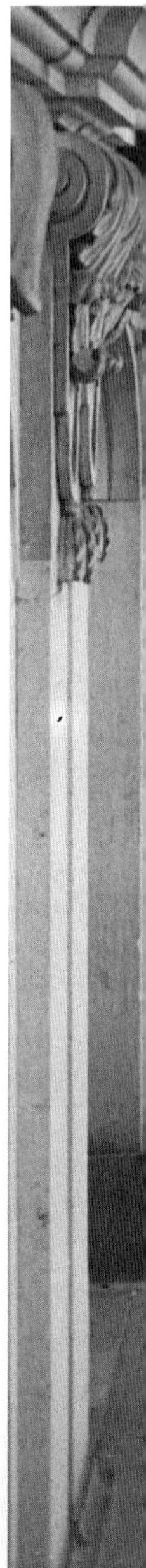

Der P 70 in stimmungsvoller Umgebung an den Brühlschen Terrassen in Dresden.

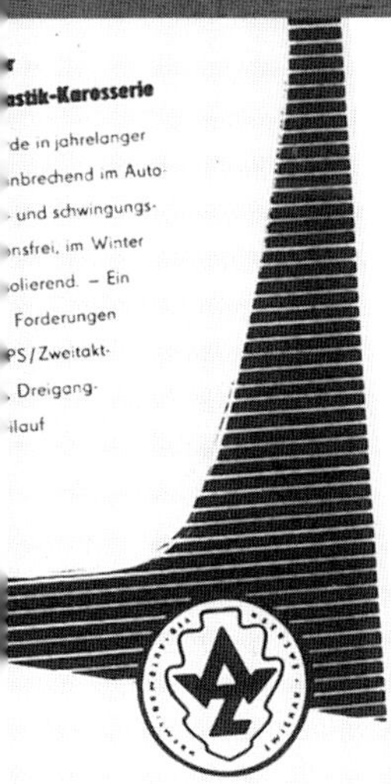

Vorzüge auf einen Blick: Werbezeichnung für den P 70.

holzaufbau mit Kunstlederbespannung und überhaupt sein Erscheinungsbild waren inzwischen nicht mehr zeitgemäß, die solide DKW-Technik mit ihrem Zweitakt-Zweizylinder mit 20 PS aus knapp 700 ccm Hubraum, dem obligatorischen Frontantrieb und dem Kastenprofilrahmen aber noch für einige Zeit brauchbar. Das Projekt F 8 K (K für Kunststoff) erhielt im Oktober 1954 grünes Licht und löste als P 70 (70 für 700 ccm) schon im Juli des kommenden Jahres den F 8 ab.

Versuchsträger mit Stärken und Schwächen

In der Ahnengalerie des Werkes ist der P 70 ganz offiziell als Zwischentyp eingestuft. Vor allem im Umgang mit dem Duroplast diente der Wagen als eine Art Versuchsträger, eigentlich war er also ein Pionier. Enorme Schwierigkeiten in der Anlaufphase mit der Lackierung und an Übergangsstellen von Kunststoff zu Blech galt es in der kurzen, aber intensiven Erprobungszeit zu bewältigen. Zudem mußten die Zulieferer auf das Zwischenprodukt eingeschworen werden, so daß über den Serienstart hinaus viel improvisiert werden mußte. Letztlich bewährte sich der P 70 durchaus, fand sogar auf westlichen Märkten Interesse, wie Verkaufsprospekte zum Beispiel aus Belgien beweisen.

In diesen Ländern war der 1956 eingeführte P 70 Kombi populärer als die Limousine. Für den Export kam 1957 sogar noch das Coupé hinzu, aus dem Zwischentyp war nun sogar eine kleine Modellfamilie geworden.

Vor allem schätzten die Kunden die günstigen Platzverhältnisse des P 70. Das unauffällige Design ohne gestalterischen Pfiff - ganz den Erfordernissen der Duroplastverwendung folgend - störte seinerzeit offenbar weniger als man aus heutiger Sicht vermuten könnte. Selbst ein nur von innen zugänglicher Kofferraum war 1955 nicht so selten, daß man eine solche Unbequemlichkeit abgelehnt hätte. Die Beplankung wurde am Gerippe aus Holz befestigt. Nur die Radhäuser bestanden aus Stahlblech. Die Karosserie saß auf einem Kastenprofilrahmen mit Querblattfedern, der Radstand fiel allerdings um 42 Zentimeter kleiner aus als beim F8. Die Leistung des Motors hatte durch einen neuen Zylinderkopf aus Leichtmetall eine Steigerung von 20 auf 22 PS erfahren. Der Zweizylinder-Zweitakter mit Wasserkühlung stammte noch aus dem DKW-Erbe der dreißiger Jahre. Mit 800 Kilogramm wog der P 70 genauso viel wie der etwas größere F 8 mit seiner Kunstlederbespannung. 1959, nach drei Produktionsjahren und insgesamt 36.186 Fahrzeugen, machte der Zwischentyp dem endgültigen P 50 Platz.

Das eingangs erwähnte Schreiben vom November 1956 mündete in der Forderung, den seit Februar 1956 in Zwickau entworfenen „neuen“ P 50 zu bauen und auf die von der Hauptverwaltung Automobilbau ins Gespräch gebrachte Aufwertung des P 70 durch den Einbau des Wartburgmotors zu verzichten. Der Schlußsatz spiegelt deutlich die Stimmung im Werk wider: „Ein großer Irrtum besteht darin zu glauben, daß unsere Techniker und Ingenieure allein durch eine gute Gehaltszahlung befriedigt werden können, während andererseits durch bürokratische Unschlüssigkeit und die sich daraus ergebende Verzögerung die wirklichen Erfolge ihrer Arbeit ausbleiben.“ Die Nöte der Werk-

Viel Platz bot der P 70 als Kombi.

leitung lagen auf der Hand: die Grenze in Berlin war noch offen, gute Ingenieure wurden auch im Westen gebraucht und frustrierte Menschen sind schneller als andere zur Übersiedlung bereit. Für die Entscheidungsfindung in Sachen „neuer P 50“ stellte der ungeschminkte Bericht sicher eine Hilfe dar. Es bedurfte eben vielfältiger Aktivitäten, gerade auch hinter den Kulissen und auf allen Ebenen, bis der Trabant seine Laufbahn beginnen konnte.

Das Coupé des P 70 fand viele Bewunderer.

FORSCHUNGSZENTRUM

Die Geschichte der Entwicklungsprojekte bei Sachsenring und den Vorgängerbetrieben war immer eng verknüpft mit den Aktivitäten einer ganz in der Nähe angesiedelten Institution: das IFA Forschungs- und Entwicklungswerk (FEW) in Karl-Marx-Stadt, wie Chemnitz von 1953 bis 1990 hieß, hatte in den ersten Jahren der Vereinigung Volkseigener Fahrzeugwerke (VVB) eine Koordinierungs- und Lenkungsfunktion gegenüber den Herstellern. Das berührte die eigenständige Arbeit der Werke und führte zwangsläufig zu Schwierigkeiten. Zumindest in Zwickau, nach dem Zusammenschluß der ehemaligen Werke von Audi und Horch zum VEB Automobilwerke Sachsenring, war die Entwicklungsabteilung anfangs personell noch klein, auch anderswo befand sie sich noch im Aufbau. Auch deshalb bemühten sich die Werke schon früh um eine enge Zusammenarbeit mit den technischen Hochschulen in Zwickau und Dresden. Wechselnde Aufgaben und Projekte wie der Lkw-Bau und Pro-

Sie tüfteln am endgültigen P 50: Chefkonstrukteur Wilhelm Orth, Karosseriekonstrukteur Ende und Technischer Direktor Dr. Winfried Sonntag (von links).

duktion und Entwicklung des Sachsenring P 240 im ehemaligen Werk Horch splitteten die Kräfte zusätzlich auf. Es lag in der Natur der Sache, daß eine zentrale Forschungsstätte als Steuerorgan von selbstbewußten und alteingesessenen Entwicklungsingenieuren in Zwickau, Eisenach und anderswo mißtrauisch betrachtet wurde.

Hervorgegangen war das FEW aus der Zentralen Versuchsanstalt der Auto Union. 1951 wurde es als im Rahmen der VVB selbständige Einrichtung gegründet und ein Jahr später mit dem Entwicklungswerk für das bis dahin unter sowjetischer Verwaltung stehende ehemalige BMW-Werk Eisenach zusammengefaßt. Ab 1952 arbeitete auch Eisenach als VEB unter deutscher Leitung. Zwei Arbeitsbereiche ließen enge, keineswegs immer harmonische Bindungen nach Zwickau entstehen. Die Außenstelle Zwickau des FEW für Plastanwendung (ab 1952) und der Aufbau des ersten Prototyps für den P 50, des „Ur-Trabant". Im zweiten Fall kam es zu gravierenden Rivalitäten in der Sache. Außerdem versuchten alle Werke, möglichst eigenständig zu entwickeln und dem FEW manches davon lange geheimzuhalten. In solchem Umfeld spielten Personalentscheidungen stets eine große Rolle. So freute man sich in Zwickau, als 1955 Dipl. Ing. Wilhelm Orth, der Leiter des FEW, als Konstruktionsleiter ins Automobilwerk Zwickau wechselte. Es gab noch mehr personelle Verknüpfungen. Der technische Direktor erst des Automobilwerkes Zwickau, dann von Sachsenring, Dr. Winfried Sonntag, übernahm 1963 die gerade umstrukturierte Forschungseinrichtung in Karl-Marx-Stadt, wurde 1968 Generaldirektor des VVB Automobilbau, verlor 1977 diesen Posten nach einem Streit mit dem allmächtigen Politbüromitglied Dr. Günter Mittag und kehrte unfreiwillig in die Verantwortung für das Forschungszentrum zurück.

Ab 1955 hieß die Einrichtung VEB Zentrale Entwicklung und Konstruktion für den Kraftfahrzeugbau (ZEK). Der Zentralismus war auf dem Höhepunkt, alle zentralen Entwicklungs- und Konstruktionsarbeiten für die Fahrzeugbetriebe der DDR liefen über Karl-Marx-Stadt. Das Jahr 1963 brachte dann eine bedeutende Umstrukturierung. Wissenschaftlich-Technisches Zentrum (WTZ) hieß es nun und hatte die wissenschaftliche Bearbeitung von Forschungs- und Entwicklungsaufgaben für den Industriezweig Automobilbau zur Aufgabe, eine deutlich reduzierte Funktion gegenüber den Werken, aber doch mit vielfältigen Arbeitsfeldern. Das WTZ ging nun zentralen Forschungsanliegen nach und bearbeiete als Vertragspartner Aufträge der Werke. Komplette Fahrzeugentwicklungen wie gelegentlich in der Anfangszeit gab es nun nicht mehr, an wichtigen Vorhaben herrschte aber trotzdem kein Mangel.

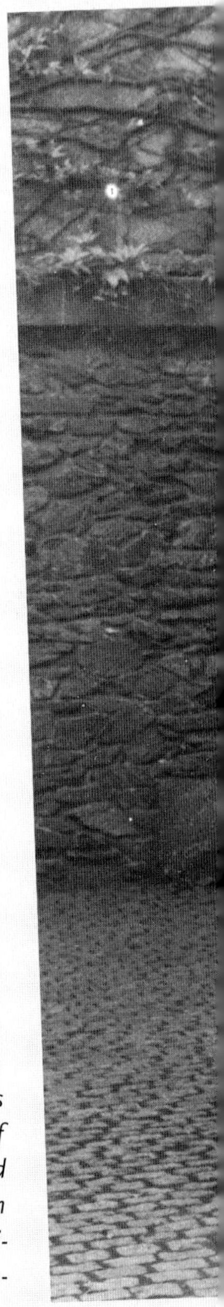

Zu einer langjährigen und erfolgreichen Zusammenarbeit zwischen Sachsenring und dem Karl-Marx-Städter Zentrum entwickelte sich die Forschung am Duroplast einschließlich Rohstoffgewinnung und Werkzeugbau. Das WTZ nahm sich dabei in späteren Jahren nicht nur des Trabants an, sondern auch der Plastanwendung mit dem Ziel des Korrosionsschutzes, zum Beispiel beim Wartburg. Die gesamte Hohlraumkonservierung in der DDR einschließlich des Aufbaus von Pflegebetrieben geht auf das WTZ zurück. Zwischen 1960 und 1965 war das WTZ in die Arbeit an den Wankelmotoren eingebunden. Einen weiteren Schwerpunkt stellte der Getriebebau dar.

Das WTZ existierte bis zum 30.6.1984. Zu diesem Datum wurde es aufgelöst, um die wichtigsten Kräfte zu bündeln für ein Großprojekt: die bevorstehende Übernahme des VW-Motors für Trabant, Wartburg und Barkas, die letzte große konstruktive Aktivität der Autoindustrie in der DDR überhaupt, wie sich bald herausstellen sollte. Die Leitung hatte Dr. Winfried Sonntag. •

Aus der Arbeit des ZEK: Prototyp von 1954 für das Automobilwerk Eisenach als Alternative zum späteren Wartburg.

Trabant P50/500/600

Schöner Luxus in den späten fünfziger Jahren: Sonntagsausflug mit dem Trabi.

Stadtfein gemacht haben sich die beiden Damen. Der P 50 steht vor dem Leipziger Hauptbahnhof.

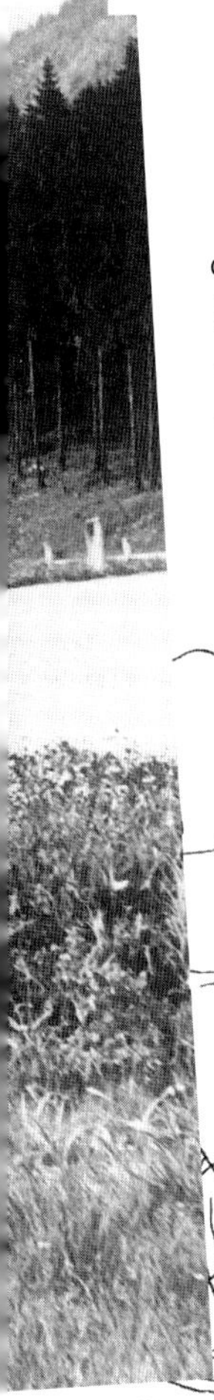

Der Neue aus Zwickau befindet sich auf der Höhe der Zeit. Kein Rollermobil wie bei einigen, Ende der fünfziger Jahre schon ums Überleben kämpfenden Wettbewerbern aus dem Westen, sondern ein richtiges Auto haben die seit 1956 im zweiten Anlauf mit dem Projekt befaßten Entwickler von Sachsenring auf die Räder gestellt. Zeitgemäß das Platzangebot, fortschrittlich der Frontantrieb und die Querlage des Motors, fortschrittlich auch die selbsttragende Karosseriestruktur. Daß der ganz neue Werkstoff Duroplast sich zwar bewähren sollte, unter dem Strich aber keinen Fortschritt bringen würde, kann 1958 noch niemand ahnen. Und noch keineswegs veraltet ist der Zweitaktmotor.

Oben: Sehr praktisch ist die tief hinunterreichende Kofferraumklappe des ersten Trabant.

Schon die ersten Bilder des neuen Kleinwagens waren begeistert aufgenommen worden. Auf der Messepremiere im Herbst 1958 können sich die Fachbesucher - das allgemeine Publikum ist in Leipzig noch nicht zugelassen - von der Stimmigkeit der Karosserie überzeugen: Pontonform in zurückhaltender Eleganz, runde Formen überwiegen, sowohl bei den Kotflügeln vorn und hinten wie auch bei Motorhaube, Kofferaumklappe und dem Dach. Alles paßt harmonisch zueinander. Die relativ großen Fensterflächen sind

So geht der Chromschmuck in Serie, hier an einer einfarbigen Ausführung.

schön und nützlich zugleich. Sowohl Motorhaube wie Kofferraumklappe reichen fast bis zu den Stoßstangen, was nicht nur gut aussieht, sondern auch beste Zugänglichkeit garantiert. Das Sachsenringzeichen ziert die Motorhaube, die übrigens keine Lüftungsschlitze aufweist. Hinten deuten die Lichter den Hauch von Heckflossen an. Die dezente Gestaltung zeigt, daß es die Entwickler in Zwickau nicht nötig hatten, der gängigen Mode zu folgen. Die unpraktische Panorama-Frontscheibe wie zum Beispiel beim Glas Isar oder dem legendären Opel Rekord aus dieser Zeit ist kein Thema. Nur im Chromschmuck sollten sie sich später für eine kurze Zeit von der Mode inspirieren lassen. Der bei der Einführung sehr sparsam angebrachte Chromschmuck betont die Gürtellinie des Wagens. Auch die Dimensionen stimmen, bei einer Gesamtlänge von 3375 Millimetern beträgt der Radstand 2020 Millimeter. Diese Zahl wird den Trabant begleiten bis an seine letzten Tage....

Die Abmessungen stimmen

Was in späteren Jahren ein mühseliger Kompromiß wird, paßt 1958 genau. Breite und Höhe sowie die Überhänge vorn und hinten sind ideal auf den Radstand abgestimmt. Und Platz genug ist auch. 920 Millimeter von der Sitzfläche bis zum Dachhimmel vorn und 900 hinten werden mühelos akzeptiert. Lediglich die Kopffreiheit der hinteren Passagiere zur Heckscheibe hin reicht nicht ganz aus. Die großen Türen sind vorn angeschlagen, der Bei-

TECHNISCHE DATEN FÜR KLEINWAGEN TRABANT

Motor-Arbeitsverfahren:	Zweitakt (Einlaßdrehschieber)
Zylinderzahl:	2
Zylinderbohrung:	66 mm
Kolbenhub:	73 mm
Hubraum:	500 ccm
Verdichtung:	6,7
Höchstleistung:	18 PS bei 3750 U/min
Triebwerklagerung:	Wälzlager
Schmierung:	Frischoelschmierung
Zündung:	Batteriezündung
Anlasser:	6 V; 0,6 PS
Lichtmaschine:	6 V; 180 W
Kühlung:	Luftkühlung
Kühlart:	Axialgebläse durch Keilriemenantrieb von der Kurbelwelle
Heizung:	Gebläse-Auspuffheizung
Kupplung:	Einscheiben-Trockenkupplung
Getriebe:	Viergang mit Rückwärtsgang und Freilauf

	Übersetzung	Steigfähigkeit
1. Gang:	4,08	32 %
2. Gang:	2,38	18 %
3. Gang:	1,50	11 %
4. Gang:	1,02	6 %
R-Gang:	5,35	
Ausgleichgetriebebauart:	Kegelrad-Differential	
Gesamtübersetzung:	4,93	
Frontantrieb:	Doppelgelenkwellen (innen Gummi-, außen Metallgelenk)	
Federung:	Halbelliptik-Querblattfeder mit progressiver Wirkung vorn und hinten	
Radaufhängung:	vorn: oben an der Querblattfeder unten am Lenkerarm hinten: Einzelradaufhängung	
Scheibenräder:	4 J × 13	
Bereifung:	5.20–13	
Lenkung:	Zahnstangenlenkung	

Bremsen:	hydraulische Vierrad-Innenbackenbremse Handbremse: mechanisch auf Hinterräder
Fahrwerkschmierung:	Hochdruck-Einzelschmierung
Spurweite:	vorn 1200 mm hinten 1220 mm
Radstand:	2020 mm
Gesamtlänge:	3375 mm
Gesamtbreite:	1500 mm
Gesamthöhe:	1395 mm
Bodenfreiheit:	180 mm
zul. Gesamtgewicht:	950 kg
Nutzlast:	330 kg
Vorspur:	0–2 mm
Radsturz:	2° 30'
Wendekreisdurchmesser:	ca. 10 m
Höchstgeschwindigkeit:	90 km/h
Dauergeschwindigkeit:	80 km/h
Kraftstoffnormverbrauch:	6 Liter/100 km

Änderungen vorbehalten!

Als Trabant 600 wirkt der Wagen in der Seitenansicht heute noch sehr elegant.

fahrersitz läßt sich zusammenklappen und nach vorn legen, so daß sich der Einstieg nach hinten relativ unkompliziert gestaltet. Der rund 400 Liter fassende Kofferraum und seine gute Zugänglichkeit sind einer der großen Vorzüge des ersten Trabant. Der Tank ist im Motorraum untergebracht, ohne daß dies zu ernsten Sicherheitsproblemen führt.

Von den westlichen Konkurrenten kommt der Lloyd 600 dem Sachsen am nächsten, ohne dessen elegantes Erscheinungsbild zu erreichen. Der NSU Prinz ist etwas kleiner, DKW Junior, Glas Isar oder BMW 700 deutlich größer.

Der Trabant hat seinen eigenen Platz in der Welt der Kleinwagen. Vergessen ist die einstige Vorgabe nach zwei „Nebenplätzen" auf der Rückbank. Das ursprünglich angepeilte Gewicht des fahrfertigen Wagens von 600 Kilogramm ist nur um 20 überschritten. Gegenüber den allerersten Vorgaben fährt der tatsächliche P 50 um 10 km/h in der Endgeschwindigkeit schneller, der Verbrauch von 5,5 Litern auf 100 Kilometern hatte sich allerdings nicht verwirklichen lassen. Der Prospekt gibt 6,8 Liter an. Konsequent umgesetzt ist die einfache Bauweise der mechanischen Komponenten und der zu wartenden Teile, der Trabant-Eigner kann also in der Tat vieles eigenhändig erledigen. Keine Rede ist freilich vom einst angedachten Verkaufspreis von rund 4000 Mark. Für 8360 Mark kommen die ersten P 50 zu den Kunden.

Der selbsttragende Wagenkörper besteht aus einem Plattformrahmen, mit dem das Karosseriegerippe aus Stahlblechpreßteilen verschweißt ist. Dieses Gerippe wird dann mit den Duroplast-Preßteilen beplankt. Motor und Getriebe sowie die Rad-

Versuche mit einer neuen Dachform Ende der fünfziger Jahre. Zwei Versuchswagen wurden gebaut.

Bald wieder verworfene Variation der vieldiskutierten Zierleiste.

aufhängung, Federung vorn und Lenkung sind auf einem Hilfsrahmen montiert und mit dem Plattformrahmen fest verbunden. Einen solchen Fahrschemel hatten damals viele selbsttragende Pkw-Karosserien. Einzelradaufhängung hat der Trabant rundum, vorn mit Querlenker, hinten mit Pendelachse und Dreieckslenker. Die Querblattfeder vorn und hinten, ein Stück DKW-Tradition, übernimmt zusammen mit den vier Teleskop-Stoßdämpfern die Abfederung. Die Fahrwerkskonstruktion des Trabant verleiht

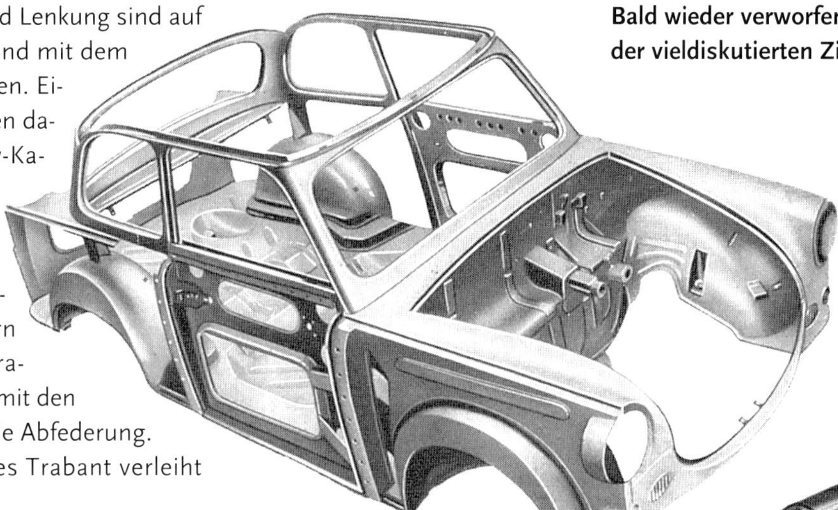

Der Höhepunkt: Trabant in drei Farben.

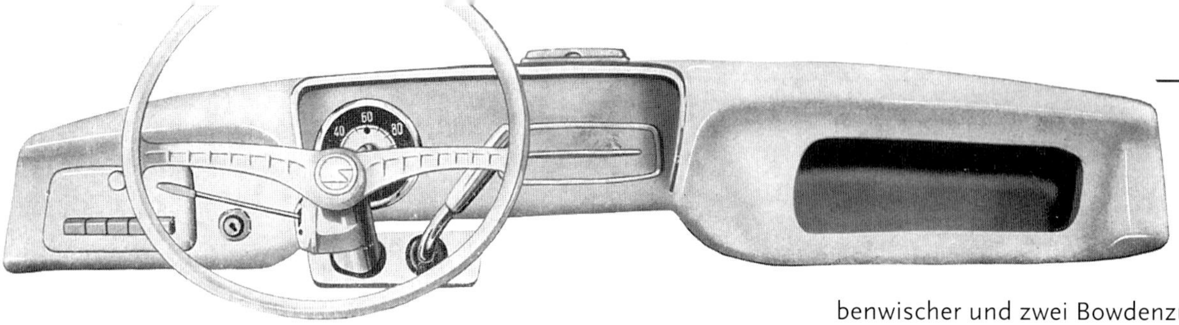

ihm eine gute Straßenlage, besonders im Vergleich zur zahlreichen westlichen Konkurrenz mit Heckmotor wie NSU Prinz I bis III oder Fiat 500 und 600.

Spartanische Ausstattung zu Beginn

Was ein vollwertiger Kleinwagen an Ausstattung unbedingt braucht, hat der Trabant, mehr allerdings nicht. Die Armaturentafel besteht aus einem Rundinstrument, dem Lenkradhebel für Blinklicht und Hupe, zwei Zugschaltern für Licht und Scheibenwischer und zwei Bowdenzügen für Heizung und Defrosteranlage. Schiebefenster und kleine Ausstellscheiben vorn sorgen für die Belüftung. Das Handschuhfach, Aschenbecher und Blenden für Radio und Lautsprecher ergänzen die Bedienungselemente. Innentaschen in den Türen bieten weitere Ablagen. Ein Druckknopf zur Entriegelung der Kofferraumklappe befindet sich im Türrahmen. In der Startversion kommt der Trabant noch etwas spartanisch daher, eine ständige Aufwertung der Innenausstattung wird in späteren Jahren zu einem Dauerthema der Trabant-Weiterentwicklung.

Der Trabant ist also ein hochaktueller Kleinwagen. Das gilt im Prinzip auch für seinen Motor. Der Zweitakter entspricht nicht nur Zwickauer Tradition, nach 1945 weitergeführt in Ost und West, sondern hat auch international noch einige Befürworter, wenn deren Zahl Ende der fünfziger Jahre auch abnimmt. Immerhin bringen um 1958 Mitsubishi, Subaru und Suzuki in Japan neue Klein-

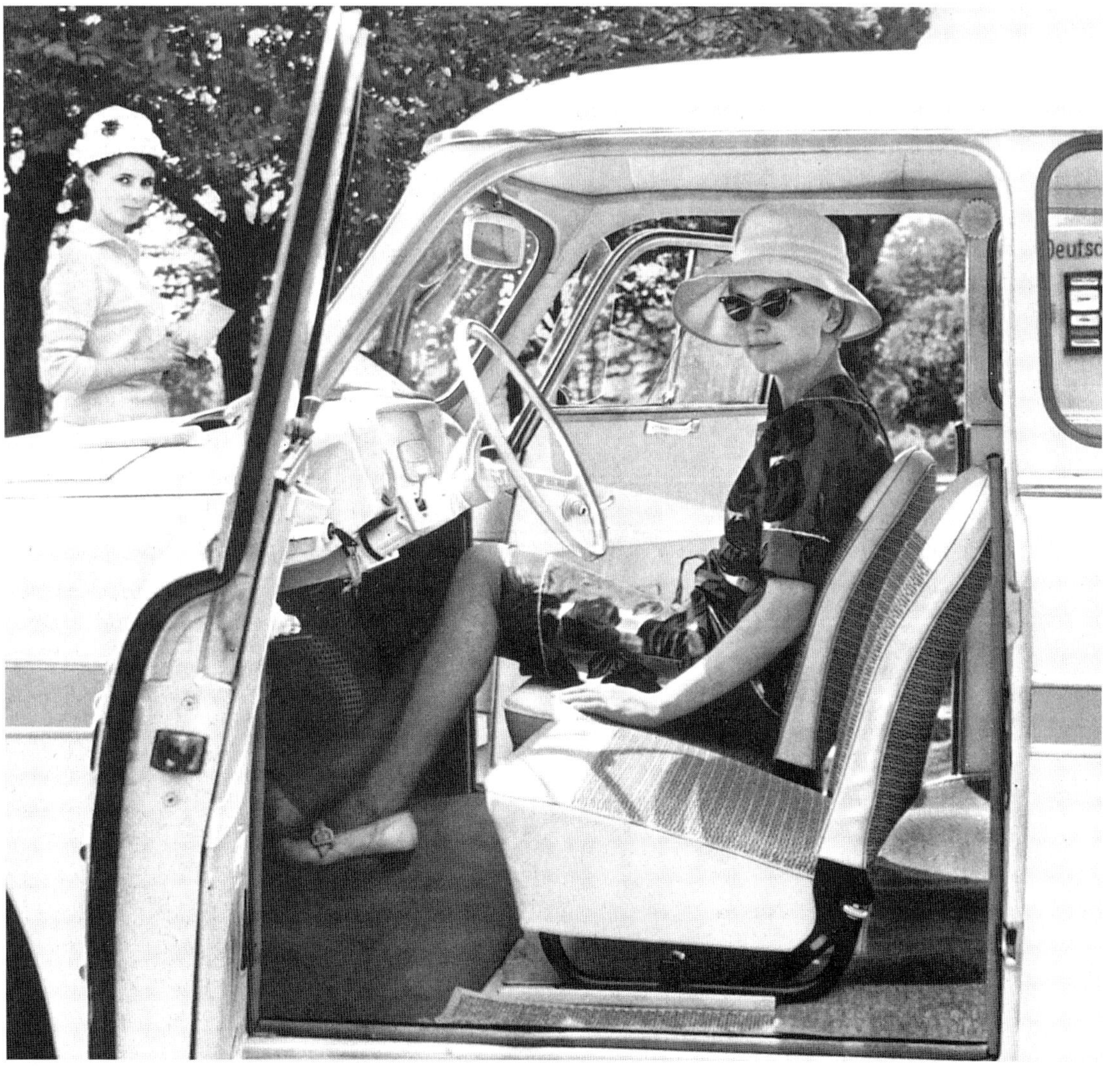

AE 40-33

RABANT ist geräumig und bietet genügend Platz für vier
nen. Bequem vollzieht sich das Einsteigen durch die beiden,
cherheitsgründen vorn angeschlagenen Türen. Die behagliche
erung der Sitze, von denen die vorderen verstellbar sind, sorgt
ermüdungsfreies Fahren. Heizung und Frischluftzufuhr sind
tverständlich ebenso vorhanden wie Innenbeleuchtung, Tür-
ntaschen, Aschebecher, Innen- und Außenspiegel, Sonnen-
den sowie Beleuchtung für Motor- und Kofferraum.
Trabant

Schiebedach,
bei Sonnenschein geöffnet –
Autofahren
in schönster Form!

Auch dem Kombi stehen die Proportionen des ersten Trabant (rechts). Unten der nur in kleiner Stückzahl gebaute Lieferwagen.

wagen mit 360 ccm großen Zweitaktmotoren, der französische Vespa 400 kommt zur selben Zeit. Und dann gibt es noch Zweitakter von Saab in Schweden. In der Bundesrepublik schwört DKW noch ein paar Jahre auf seinen angestammten Motor, erst ab 1962 wird dann das Ende der Ingolstädter Zweitakter heraufdämmern. Lloyd und Goliath allerdings haben bereits auf Viertakt umgestellt. Die meisten Rollermobile wie Fuldamobil, Messerschmitt Kabinenroller oder Zündapp Janus bedienen sich des Zweitakters. Der erfolgreiche Kleinstwagen Goggomobil - wie der größere P 50 nicht an die Idee der Rollermobile angelehnt - oder der zu diesem Zeitpunkt schon fast verschwundene Maico fahren ebenfalls mit diesem Motorenprinzip.

Der Zweitaktmotor arbeitet eben mit erheblich weniger Aufwand als der Viertakter und ist leichter. Er benötigt für den Verbrennungsvorgang nur zwei Kolbenhübe statt vier und nur eine statt zwei Kurbelwellenumdrehungen. Die Zufuhr des frischen Kraftstoff-Luftgemisches zusammen mit dem Schmieröl sowie die Abfuhr des verbrauchten Gases erfolgt über feste Schlitze in der Zylinderwand statt über beweglich zu steuernde Ventile. Die Schmierung ist nötig, weil das Kraftstoff-Luft-Gemisch auch unter den Kolben gelangt. Beim Trabant erledigt die Schmierung das dem Kraftstoff beigemischte Öl. Durch die schnelle Folge der Arbeitstakte - nämlich einer je Kurbelwellenumdrehung - hat der Zweitaktmotor eine gute Leistungsausbeute. Das sind die klaren Vorteile, Nachteile wie unruhiger Lauf, relativ hoher Verbrauch und teilweise problematisches Abgasverhalten fallen Ende der fünfziger Jahre noch nicht so ins Gewicht wie 30 Jahre später.

Einlaßdrehschieber als zusätzliches Steuerinstrument

Der Maschine des Trabant ist ein Zweizylinder-Reihenmotor. Die einfache Bauart der Ein- und Auslaßkanäle, die durch die Auf- und Abwärtsbewegung des Kolbens geöffnet und geschlossen werden, haben die Zwickauer Techniker, fussend auf einer früheren Entwicklung von DKW, um die Einlaßdrehschieber als zusätzliche Steuerung des Verbrennungsvorganges erwei-

Der TRABANT verfügt über einen für seine Klasse ungewöhnlich großen Kofferraum, in dem sich bequem das Gepäck für größere Reisen unterbringen läßt. Die Kofferraumklappe wird durch eine Drucktaste in der linken Türsäule entriegelt; bei abgeschlossenem Wagen ist deshalb auch der Kofferraum gesichert. Das Reserverad steht links seitlich im Kofferraum und kann leicht herausgenommen werden, ohne daß dabei erst sämtliche Gepäckstücke wieder entladen werden müssen.

Zweckmäßig und schön ist die Armaturentafel des TRABANT:

1. Drucktasten für Beleuchtung und Parallelscheibenwischer
2. Schalter für Blinker und Hupe
3. Kombigerät mit Kilometer- und Geschwindigkeitmesser
4. Getriebeschalthebel (also ganz nahe am Lenkrad)
5. Zündanlaßschalter
6. Blende für Ausschnitt zum Radioeinbau
7. Ascher
8. Blende für Ausschnitt zum Lautsprechereinbau
9. Ablegekasten

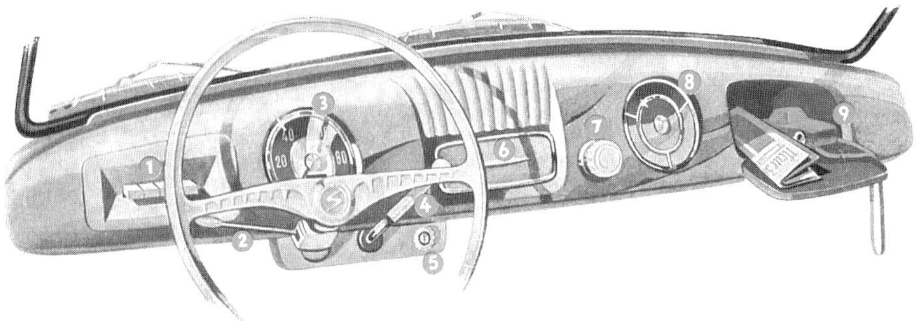

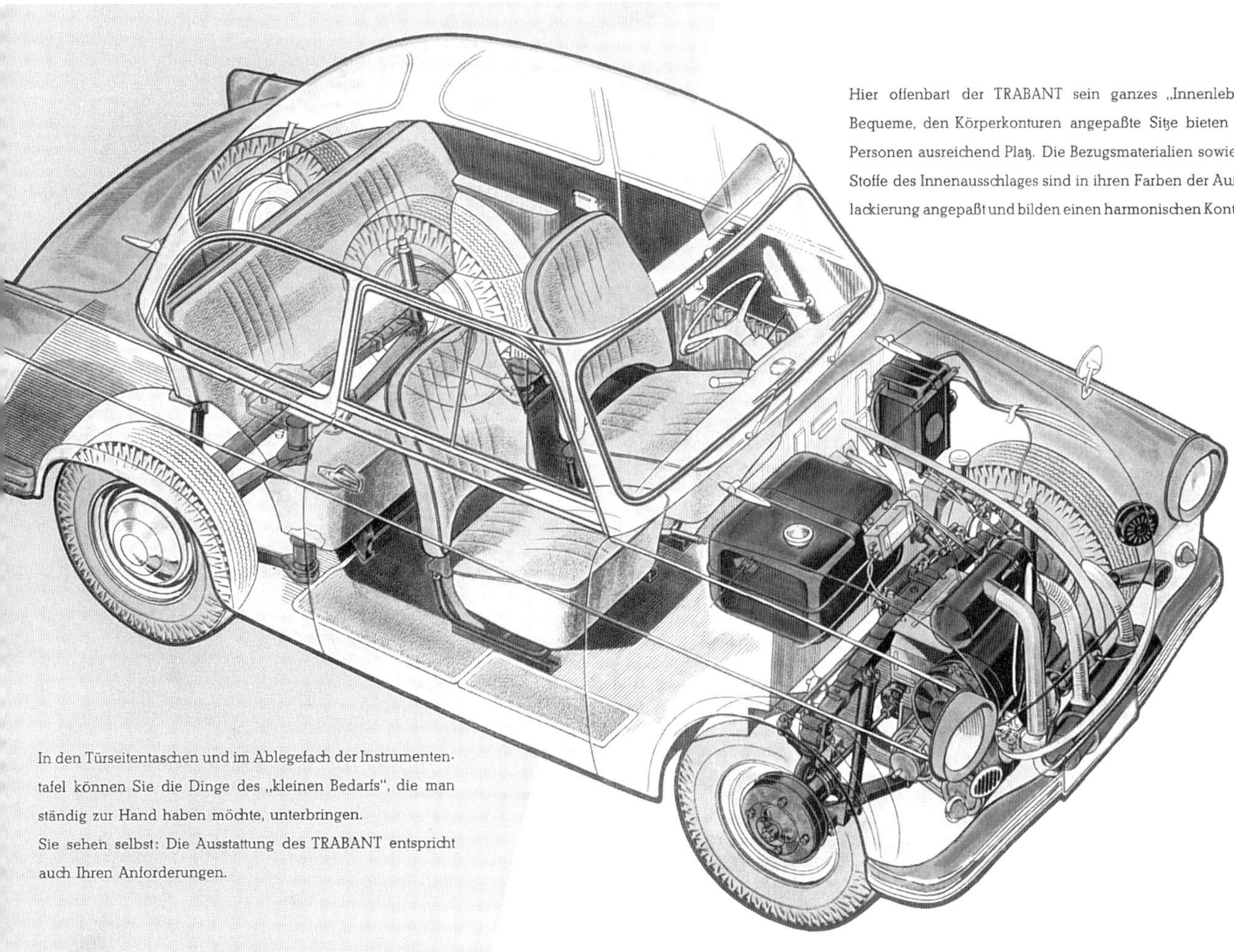

Hier offenbart der TRABANT sein ganzes „Innenleben". Bequeme, den Körperkonturen angepaßte Sitze bieten vier Personen ausreichend Platz. Die Bezugsmaterialien sowie die Stoffe des Innenausschlages sind in ihren Farben der Außenlackierung angepaßt und bilden einen harmonischen Kontrast.

In den Türseitentaschen und im Ablegefach der Instrumententafel können Sie die Dinge des „kleinen Bedarfs", die man ständig zur Hand haben möchte, unterbringen.

Sie sehen selbst: Die Ausstattung des TRABANT entspricht auch Ihren Anforderungen.

Das **TRABANT**-Fronttriebwerk mit seinem luftgekühlten 500 ccm Zweizylinder-Zweitaktmotor leistet 20 PS. Die Kraftübertragung erfolgt mittels eines Viergang-getriebes mit sperrbarem Freilauf.

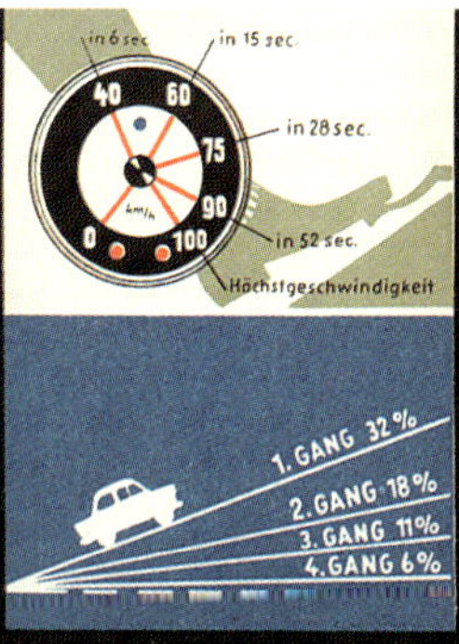

Da der Wagen gezogen wird, verfügt er über eine ausgezeichnete Kurvenstabilität und Bodenhaftung, auch bei glatter Fahrbahn.

Er, der **TRABANT-Kombi** ist ein richtiges Mehrzweckfahrzeug. Schön und nützlich zugleich. Dieser Wagen hat sich Dank des robusten TRABANT-Motors und seiner großen Geräumigkeit bereits tausendfach bewährt – im beruflichen Einsatz sowie auch für Tage erholsamer Entspannung.

Sie, die **TRABANT-Limousine** ist ein Auto wie man es sich wünscht. Schnittig im Äußeren, bestechende Fahreigenschaften, hohe Wirtschaftlichkeit, dabei temperamentvoll und zuverlässig. Vier bequeme Sitze gewähren einen echten Fahrgenuß. Kurzum, der TRABANT ist der Wagen für die Familie.

Bequemlichkeit bedeutet beim **TRABANT** genußreiches Fahren durch behaglich weiche Polsterung, durch Armstützen an den Rücksitzen, Heizung, Frischluftzufuhr, freie Sicht nach allen Seiten usw. Überraschend groß ist der Kofferraum. Er faßt wirklich umfangreichstes Feriengepäck.

Trabant - TECHNISCHES

Motor	Zweizylinder-Zweitakt-Motor mit Einlaß-Drehschieber, Bohrung×Hub: 66×73 mm, Hubraum: 500 ccm, Verdichtung: 7, Leistung: 20 PS bei 3900 U/min, Drehmoment max.: 4,5 mkg bei 2750 U/min, Kurbelwelle dreifach in Wälzlagern gelagert und Pleuel rollengelagert, Luftkühlung Axialgebläse von der Kurbelwelle über Keilriemen, Frischöl-Mischungsschmierung, Batteriezündung, Batterie 6 V, 56 Ah.
Kraftübertragung	Fronttriebwerkblock mit Dreiwellenanordnung, Einscheiben-Trockenkupplung, mech. Viergang-getriebe mit sperrbarem Freilauf, Klauenschaltung. Übersetzungen: I. 4,08, II. 2,32, III. 1,52, IV. 1,03, R. 5,34. Stockschaltung an der Lenksäule, Ausgleichgetriebe, Vorderachsübersetzung 4,33 (für Kombi 4,93).
Fahrwerk	Plattformrahmen mit Stahlblechgerippe als selbsttragende Karosserie mit der Bodentragplatte verschweißt. Vorn Einzelradaufhängung mit Querlenkern und oberer Querblattfeder; hinten Pendelachse mit Dreiecklenkern und Querblattfeder von progressiver Wirkung. Vorn und hinten doppeltwirkende Teleskop-Stoßdämpfer. Bereifung: 5,20-13, Zahnstangenlenkung; hydraulische Fußbremse. Bremsbelagfläche 462 cm². Handbremse wirkt mechanisch auf Hinterräder.

Allgemeine Daten	Radstand	2020 mm	Zulässiges Gesamtgewicht 950 kg (Kombi 1000 kg)
	Spurweite vorn	1200 mm	Länge 3361 mm Breite 1493 mm Höhe 1405 mm
	Spurweite hinten	1240 mm	Höchstgeschwindigkeit 100 km/h (Kombi 90 km/h)
	Bodenfreiheit	180 mm	Dauergeschwindigkeit 85 km/h (Kombi 80 km/h)
	Wendekreisdurchmesser etwa	10 m	
	Leergewicht (fahrfertig)	620 kg (Kombi 660 kg)	
	Nutzlast	330 kg (Kombi: 4 Pers. und 80 kg)	Änderungen vorbehalten!

V E B S A C H S E N R I N G
A U T O M O B I L W E R K E Z W I C K A U

9/1 K 950/60

fältig verwendbar ist der TRABANT-Kombi. Fahren nur zwei Personen, ergibt sich ein großer Raum, er mit Gütern bis zu 220 kg Gewicht genutzt werden kann. Für Wochenend und Urlaub ist er der ideale, verlässige Familienwagen für vier Personen und viel Gepäck.

Spielend leicht steuern Sie Ihren TRABANT durch dichten Großstadtverkehr. Seine Wendigkeit, das unfallsichere Lenkrad, das sehr klar gegliederte Armaturenbrett geben Ihnen das Bewußtsein völliger Sicherheit.

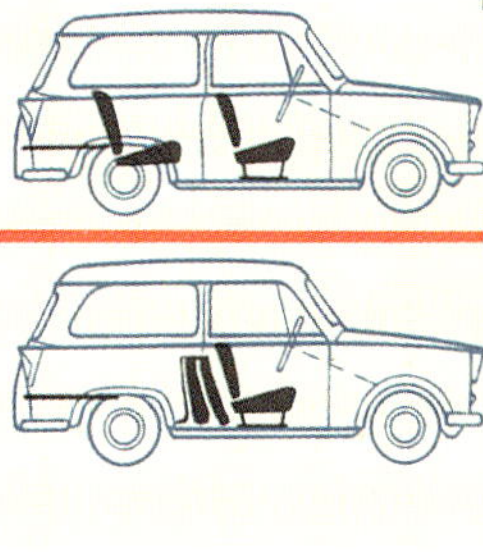

Wenige Handgriffe machen aus dem Urlaubs-TRABANT den Kleintransporter mit dem großen Raum.

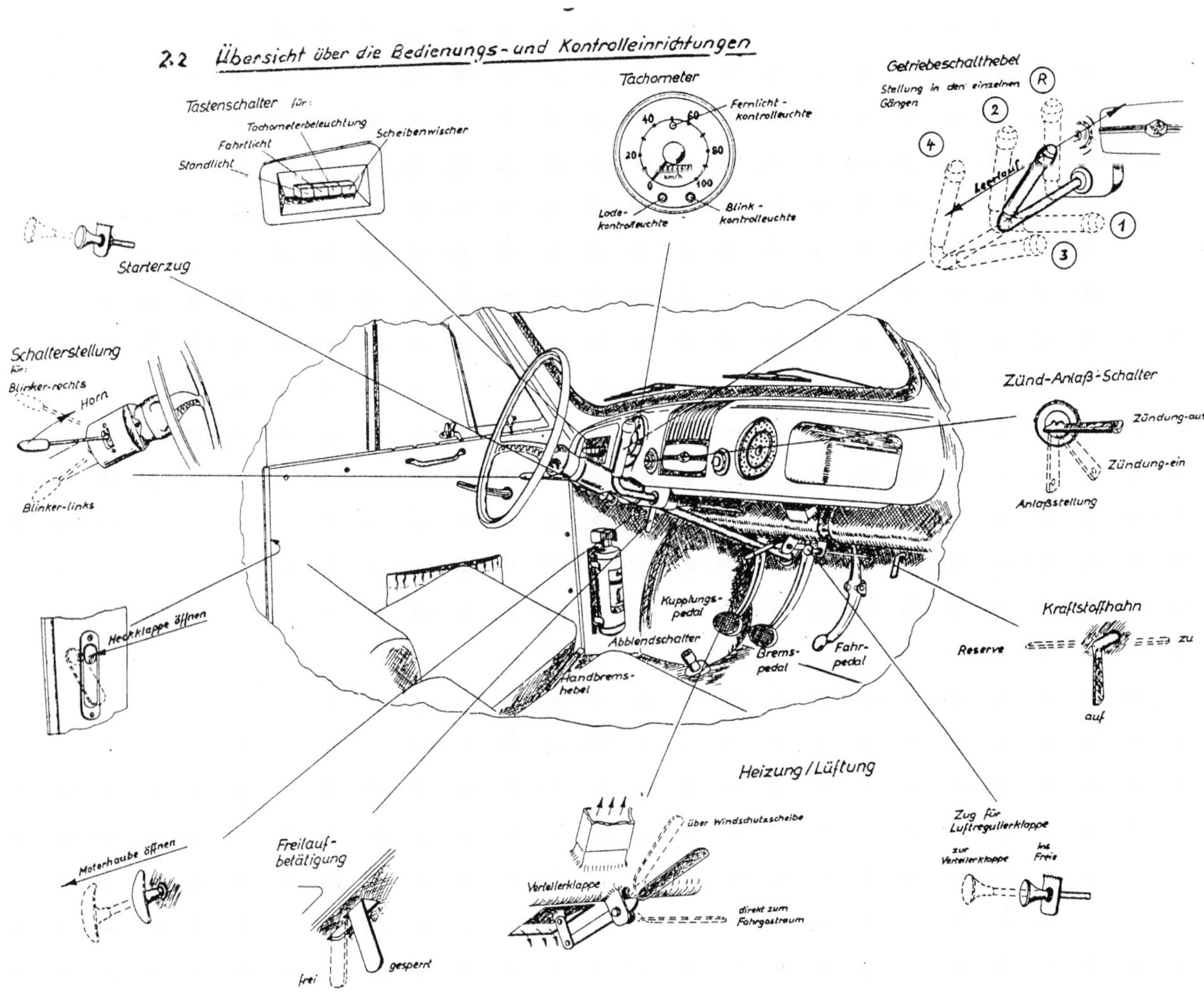

Bildhafte technische Erläuterung zur Serieneinführung, ein Auszug aus der ersten Betriebsanleitung.

tert. Der von der Kurbelwelle bewegte, an jedem der zwei Zylinder angebrachte Einlaßdrehschieber gibt den Einlaßkanal nur für bestimmte Augenblicke frei und regelt so die Frischgaszufuhr, während die Öffnungszeiten des Überströmschlitzes - er leitet das Frischgasgemisch vom Kurbelgehäuse nach oben in den Zylinder - und der Auslaßschlitz zur Abfuhr des verbrauchten Gases durch den sich auf und ab bewegenden Kolben bestimmt werden. Der Trabant-Motor verfügt dank dieser für die Füllung günstigen Steuerzeiten über eine gutes Drehmoment im unteren Drehzahlbereich. Die Zylinderkörper sind aus Grauguß. Das führt zunächst zu thermischen Schwierigkeiten, der erste Trabant muß mit einem Mischverhältnis Öl zu Benzin von 1:25 auskommen, ehe neues Material ein günstigeres Mischungsverhältnis zuläßt. Die Bohrung der Zylinder beträgt 66 und der Hub 73 Millimeter, aus 500 ccm Hubraum holt der Motor eine Leistung von 18 PS bei 3750 U/min.

Das ist etwas wenig im Vergleich zur Konkurrenz, die erste Leistungssteigerung wird nicht lange auf sich warten lassen. Für die Kühlung der mit Kühlrippen versehenen Zylinder sorgt ein Axialgebläse, angetrieben über Keilriemen von der Kurbelwelle aus. Der Horizontalvergaser wurde eigens für den Trabant entwickelt. Eine Höchstgeschwindiglkeit von 90 km/h und eine Dauergeschwindigkeit von 80 km/h gibt der Hersteller im allerersten Prospekt an. Mit dem Motor entstand ein ganz neues Vierganggetriebe, das wie beim DKW F8 noch über eine Krückstockschaltung bedient wird. Es verfügt über den vom DKW bekannten Freilauf. Er unterbricht den Kraftfluß zwischen Getriebe und Motor, wenn der Wagen ohne Gas rollt. Unter solchen Umständen macht sich übrigens der Nachteil eines unsynchronisierten Getriebes nicht so stark bemerkbar, da man nicht sofort die ideale Drehzahl beim Schalten abpassen muß, sondern vor der Gangwahl den Freilauf nutzen kann. Wird die Bremsleistung des Motors gebraucht, läßt der Freilauf sich ausschalten.

Weiterentwicklung

1959

Die Produktion des P 50 ist 1958 nach der Nullserie von 50 Stück 1957 planmäßig angelaufen, was hier durchaus wörtlich zu nehmen ist und nichts mit der in der Presse der DDR immer wieder bemühten angeblichen oder tatsächlichen Erfüllung des sozialistischen Wirtschaftsplanes zu tun hat. Im Frühjahr 1959 kommt nun erstmals die Gelegenheit, den Trabant optisch aufzuwerten. Die Zwickauer tun es im Stil der Zeit und verpassen dem Kleinen eine gezackte Chromlinie an den Flanken, die ihn optisch größer machen soll. Gleichzeitig dient sie als Trennungselement für die nun lieferbare Mehrfarblackierung, nachdem es das Auto zunächst nur einfarbig gegeben hatte. Unterhalb der Chromleiste dezent hell, darüber bis zur Gürtellinie unter Einschluß der Motorhaube in kräftigem Ton, Fenstereinfassungen, Pfosten und Dach wiederum dezent wie der Unterbau, so ist jetzt die Aufteilung. Als dritte Farbe kommt auf Wunsch ein breiter dunkler Seitenstreifen im hinteren Teil hinzu, ist allerdings nur ein Jahr lang lieferbar. Über solche Kombinationen freuen sich die Käufer von damals. Die gezackte Linie war eine aus den USA nach Europa gekommene Mode, oft kombiniert mit der Panoramafrontscheibe. Beim Trabant bleibt die Zeitströmung eine kurzlebige Mode, beschränkt auf die Flankengestaltung, das gute Formgefühl der Entwerfer in Zwickau läßt sie bald wieder Abstand nehmen von derartigen Effekten. Schnell verworfen haben sie das ursprünglich verwendete Sachsenring-Emblem mit Flügelmotiv. An seine Stelle tritt jetzt ein großzügig gestaltetes Sachsenring-„S".

1960

Zwei PS mehr und ein neuer Name kennzeichnen die technische Entwicklung. Durch Feinarbeit am Motor leistet der Trabant 500 nun 20 PS. Höherwertiges Material der einzelnen Zylinder ermöglicht eine bessere Kühlung und damit eine größere Leistungsentfaltung und endlich das günstigere Mischungsverhältnis Öl zu Kraftstoff 1:33. Intern heißt der Wagen P 50/2. Zum selben Zeitpunkt, 21 Monate nach dem Start, folgt eine wesentliche Programmerweiterung. Im Frühjahr 1960 steht der Kombiwagen bereit. In exakt den Abmessungen der Limousine wiegt der Kombi fahrfertig 40 Kilogramm mehr (660 statt 620 Kilogramm), das zulässige Gesamtgewicht hat das Werk bei 1000 Kilogramm festgelegt gegenüber 950. Auch der Trabant Kombi - der Begriff „Universal" ist noch nicht eingeführt - macht optisch einen sehr guten Eindruck. Die lange hintere Seitenscheibe und das nach hinten verlängerte Dach in seinen typischen Abrundungen und die daran angepaßte, etwas bauchige Hecktür ergeben ein harmonisches Bild. Die Hecktür öffnete sich zur linken Seite hin. Um das Reserverad unter der Ladefläche zu verstauen,

Motor und Antriebseinheit des Trabant 600.

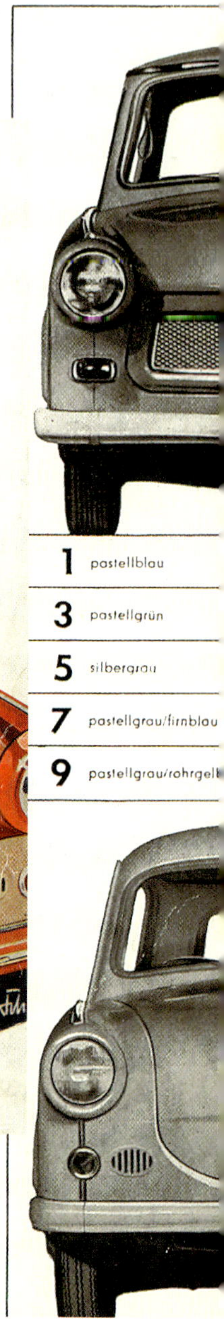

Bunte Welt der Prospekte. Die Farbtafel unten stammt von 1962, rechts von 1964.

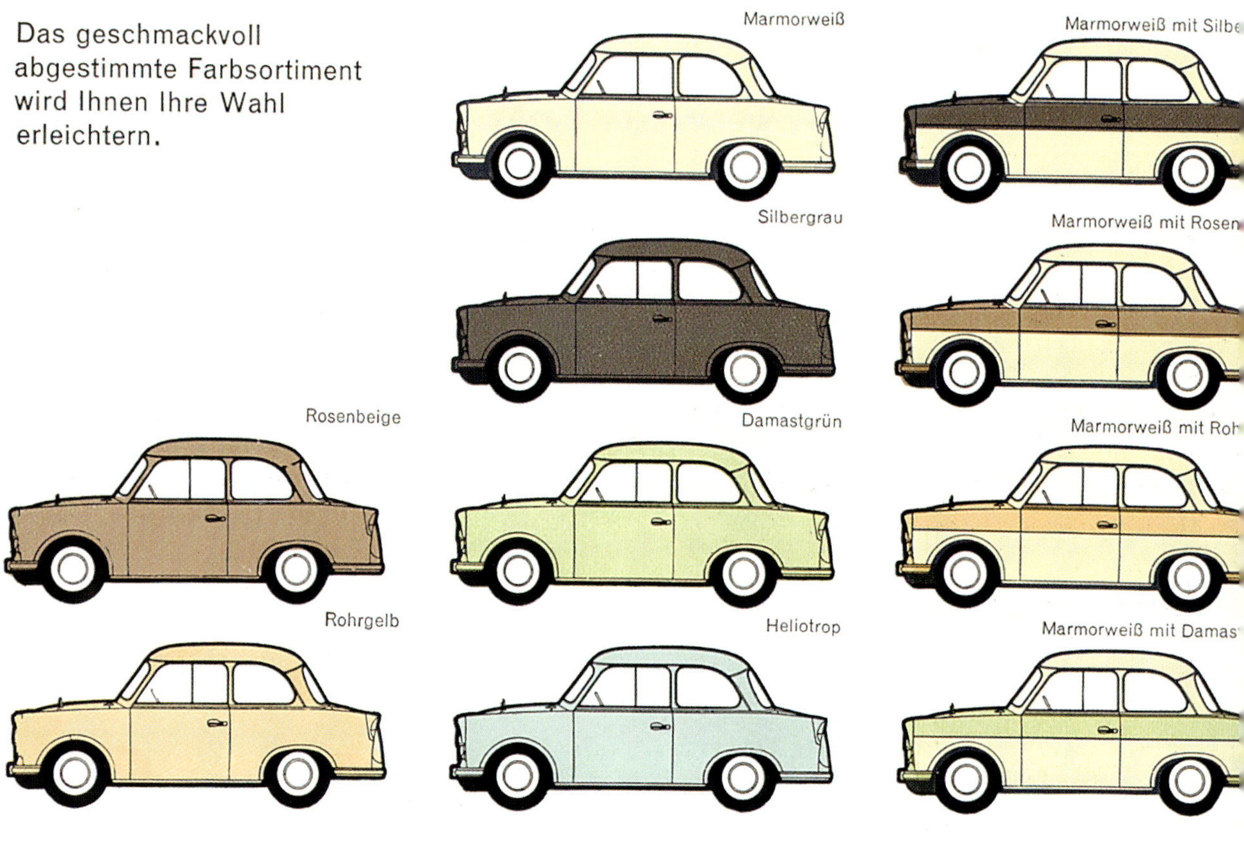

marmorweiß

pastellbraun

pastellgrau/rot

pastellgrau/türkis hell

pastellgrau/silbergrau

Pastellgrau mit Silbergrau

Pastellgrau mit Rosenbeige

Pastellgrau mit Rohrgelb

Pastellgrau und Damastgrün

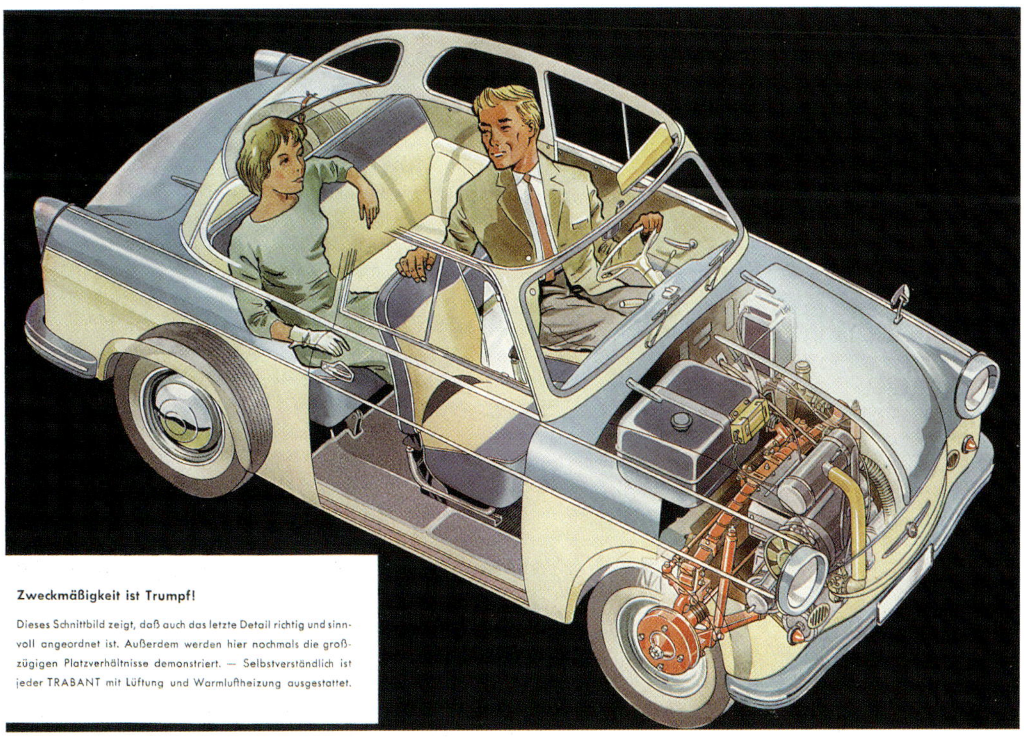

Zweckmäßigkeit ist Trumpf!

Dieses Schnittbild zeigt, daß auch das letzte Detail richtig und sinnvoll angeordnet ist. Außerdem werden hier nochmals die großzügigen Platzverhältnisse demonstriert. — Selbstverständlich ist jeder TRABANT mit Lüftung und Warmluftheizung ausgestattet.

liegt der Boden des Kombi recht hoch, so daß die Tür nur eine relativ kleine Öffnung freigibt. Wer im Laderaum mehr Höhe braucht, kann allerdings den Gepäckboden herausnehmen, muß dann aber das Reserverad seitlich aufstellen. Bei einer Besetzung nur mit Fahrer und Beifahrer laßt der Kombi eine Nutzlast von 210 Kilogramm, für die Ferienfahrt mit vier Erwachsenen noch eine Zuladung von 80 Kilogramm zu. Gegen Ende seiner Bauzeit, im Frühjahr 1964, gelingt mit einem einfachen Trick eine Verbesserung der Raumverhältnisse: Rücklehne und Sitzbank finden zusammengeklappt Platz auf dem Wagenboden und nicht mehr hinter den Lehnen der Vordersitze. Die Länge der Nutzfläche erhöht sich auf diese Weise um 170 Millimeter.

Technisch gibt es keine Veränderungen gegenüber der Limousine, nur die Antriebsübersetzung wird zugunsten der Kraftentfaltung bei höherer Last geringfügig nach oben verändert. In der Innenausstattung sind beide Typen gleich. Wer den Kombi zweifarbig bestellt, erhält ihn meist in kräftiger Farbgebung unten und dezentem Ton oben. Die 1959 eingeführte Optik mit der aufwendigen Zierleiste bleibt dem Kombi erspart und hätte auch nicht zu seiner Linienführung gepaßt.

1961

Zur Frühjahrsmesse in Leipzig korrigiert das Werk das Styling der Limousine und schafft mit der nun gerade verlaufenden, dünnen Zierleiste eine dem Trabant gut stehende dezente Eleganz. Der Chromschmuck bestimmt gleichzeitig die jetzt nur noch zweifache Farbeinteilung. Zum ersten Mal erhält der Trabant neue Bezugsstoffe für die Fahrzeugauskleidung und die Sitze. Eine lange Reihe immer neuer Veränderungen - nicht immer Verbesserungen - im Laufe der Weiterentwicklung des Trabant nimmt hier ihren Anfang. Aktuell sind im Jahre 1961 helle, farblich abgesetzte und auf die Außenlackierung abgestimmte Kunststoffbezüge. Größere Bedeutung haben aber Verbesserungen bei den Platzverhältnissen. Kleine Kniffe der Entwickler zeigen durchaus Wirkung. So läßt das umgestaltete Armaturenbrett mit dem nun nicht mehr so ausladenden Ablagefach dem Beifahrer mehr Platz für die Beine. Die Sitzflächen der Vordersitze sind flacher gehalten, die Rückenlehnen dünner und vermitteln zudem einen besseren Halt. Für die Fondpassagiere fanden sich ein paar Millimeter ebenfalls durch flachere Sitzflächen und durch Verkleinerung der Ablage hinter der Rückenlehne, die nun auch steiler steht. Erleichtert werden die Trabant-Fahrer über die Entfrosterdüsen gewesen sein. Die Luft tritt in der Mitte und an den Seiten der Armaturentafel aus. Deren Instrumemte sind jetzt blendfrei abzulesen. Außerdem gibt es jetzt Lichthupe und (auf Wunsch) eine Scheibenwaschanlage.

Überraschend taucht eine Abwandlung des Kombis mit geschlossenen Seitenscheiben und ohne hintere Sitzbank auf der Leipziger Messe auf. Der Wagen wird nur in ganz kleiner Stückzahl produziert und ist vermutlich für den Benelux-Markt gedacht, wo derartige „Bestelwagen" auf Pkw-Basis bis in die neunziger Jahre hinein als Nutzfahrzeuge laufen und von der Steuer begünstigt sind. Vom Kombi präsentierte das Werk außerdem eine dem berühmten Wartburg-Camping nachempfundene Version mit Faltschiebedach und Liegesitzen.

1962

Es ist Zeit für grundlegende technische Weiterentwicklungen. Wie aus einer Veröffentlichung des Werkes in Heft 3/62 der „Kraftfahrzeugtechnik" (KFT) hervorgeht, ist man sich völlig im klaren darüber, daß in einigen Punkten der Trabant nicht mehr dem Stand der Technik entspricht. Im Frühjahr 1962 bessert man deshalb mit einem vollsynchronisierten Getriebe und mit Maßnahmen zur Geräuschdämmung kräftig nach. Das vorher in der Praxis notwendige Abpassen des Gleichlaufes beim Schaltvorgang kann nicht mehr von jedem Fahrer erwartet werden, eine Kupplung zur Herstellung der Drehzahlgleichheit mußte in das Getriebe integriert werden. Der Freilauf, der bis dahin über einen Sperrhebel separat zu bedienen war, ist nun mit dem vierten Gang kombiniert, wird durch Auskuppeln ein- und durch ein Zurückschalten in den dritten Gang wieder ausgeschaltet.

Eine verbesserte Gummilagerung des Motors reduziert die Geräuschentwicklung spürbar. Die Aufhängepunkte werden verlegt, weichere Gummilager finden Verwendung. Außerdem ändern die Techniker das Kühlluftgehäuse und arbeiteten im Innenraum mit Antidröhnmassen. Bei Tempo 80

entwickelt der Trabant nun Geräuschwerte von rund 88 dB(A) gegenüber 93 dB(A) im vorherigen Fahrzeug. Ziel ist ein Wert wie beim DKW Junior - rund 81 dB(A) - aus der Bundesrepublik. Die erwähnte Werksveröffentllichung führt zum Vergleich übrigens auch die Lärmentwicklung des NSU Prinz II an, sie liegt auf dem Niveau des Trabant ohne die neuen geräuschdämmenden Maßnahmen.

Noch einmal ändern sich Zierstreifen und Farbeinteilung. Jetzt schmückt den Trabant in der „Sonderwunsch-Ausführung" vom vorderen Radausschnitt bis weit nach hinten ein farblich abgesetzter Zierstreifen, wiederum eine gefühlvolle Gestaltungsvariante. Dazu gibt es neue Farben: marmorweiß, silbergrau, heliotrop, rosenbeige, rohrgelb oder damastgrün für die einfarbige Standardvariante, als Sonderwunsch die Kombinationen von marmorweiß mit silbergrau, rosenbeige, damastgrün oder rohrgelb. Sitzbezüge und Innenverkleidung sind auf das neue Design abgestimmt, die Türen der Sonderwunsch-Ausstattung haben sogar einen effektvollen Seitenstreifen in der Innenauskleidung.

1963

Aus dem Trabant 500 wird der Trabant 600. Schon im Herbst 1962 hatte das Werk den neuen Motor präsentiert, ab Jahresbeginn 1963 steht er zur Verfügung. Er leistet 23 PS. Dank der um acht Millimeter größeren Bohrung hat er einen Hubraum von 595 ccm. Die höhere Verdichtung macht nun die Verwendung von besserer Kraftstoffqualität nötig, für den DDR-Markt bedeutet das „Volkskraftstoff (Vk) extra" statt „Vk normal". Die Höchstgeschwindigkeit klettert auf glatte 100 km/h. Damit liegt der Trabant gut im Feld vergleichbarer Kleinwagen aus dem Westen. Selbst der neue, von der Konzeption her sehr fortschrittliche Renault R4 ist nicht schneller. Allen Modellen kommen kleine Weiterentwicklungen zugute wie ein verschlußsicherer Tankdeckel sowie eine verbesserte Heizung und Lüftung.

Längst ist die Serienfertigung Routine geworden.

Trabant P 601

Stimmungsvoll: Frühe Werbung für den Trabant.

Der neue Trabant ist ein Ereignis für die Öffentlichkeit, obwohl die Änderungen fast nur äußerlicher Natur sind. Zwar sieht er rundum neu aus, es handelt sich aber nur im Kern um den Trabant 600. Es entspricht exakt der Grundforderung der sozialistischen Wirtschaftsplaner in der Regierung, auf dem Vorhandenen aufzubauen und dabei möglichst geringe Folgekosten zu verursachen. Und weil die Fertigungsanlagen für die Bodengruppe sich noch nicht amortisiert hatten, gibt es die klare Direktive, hier keine Änderungen vorzunehmen.

Trotzdem bekommt der Trabant P 60/1 - schnell wird daraus 601 - ein völlig neues, wiederum eigenständiges Erscheinungsbild. Hier ist die Form entstanden, die den Trabant 601 gut 26 Jahre später in der ganzen Welt berühmt machen sollte. Aber schon zu seiner Premiere steht der Trabant 601 im internationalen Vergleich auf verlorenem Posten.Weltweit schrumpfen Angebot und Nachfrage für echte Kleinwagen, mehr Platz und ein Viertaktmotor wären das Gebot der Stunde gewesen, was man im Werk sehr genau weiß und beim Prototypenbau auch zeigt.

Der erste P 601 trägt noch einen Seitenstreifen, ging damit aber nicht in Serie.

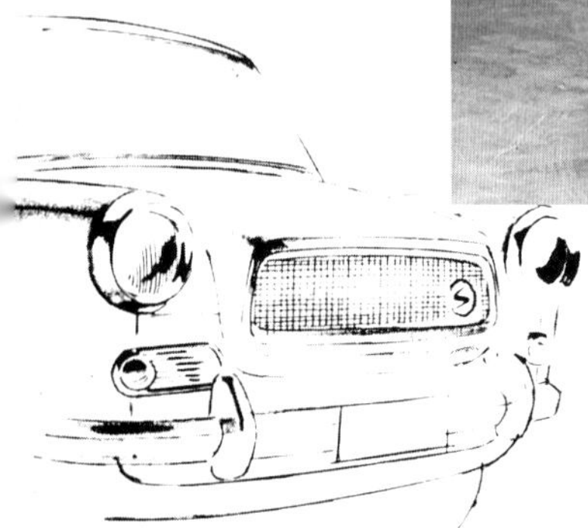

Gestaltungsentwürfe für den geplanten P 60/1.

Profitiert von der Weiterentwicklung unter eingeschränkten Bedingungen haben die Fondpassagiere und die Urlauber. Der Längenzuwachs von 18 Zentimetern kommt fast ausschließlich dem hinteren Überhang zugute, zu einem geringen Teil beanspruchen die neu geformten Stoßstangen die zusätzlichen Zentimeter. Deutlich mehr Knie- und Kopffreiheit lassen hinten zwei Erwachsene weit bequemer mitfahren als bisher. Zwar beschert die Karosserie rein rechnerisch nur ein Plus von zehn Millimetern an Kniefreiheit und 37 Millimetern an Kopffreiheit zur Decke hin, dank der verbesserten Sitzposition entsteht aber zusätzlich ein um 80 Millimeter größerer Abstand zur weiter hinten angesetzten Heckscheibe. Für einen Kleinwagen läßt sich nicht mehr herausholen, zumal der Radstand ja unverändert bleiben mußte. Das jetzt weitgehend gerade verlaufende Dach gibt insgesamt ein neues Raumgefühl. Der Kofferraum ist gegenüber dem 600 um 12 Prozent angewachsen. Leider ist das Werk aber von der weit nach unten reichenden Kofferraumklappe des Vorgängers abgekommen und hat eine hohe Ladekante geschaffen, insofern stellt der 601 einen Rückschritt dar. Kurbelfenster, neue Türgriffe mit Druckknopf und die jetzt serienmäßige Scheibenwaschanlage sind andere, nicht unwesentliche Weiterentwicklungen.

Im Stil der Zeit

Stilistisch gekonnt ist der Trabant dem Zeitgeschmack nachempfunden. Eckige, sogar trapezförmige Linien sind Trumpf im internationalen Automobilbau. Der 601 folgt dem und gibt eine gute Figur ab. Die großen, gegenüber dem 600 um 26 Prozent angewachsenen Fensterflächen schaffen nicht nur eine für Kleinwagen erstklassige Rund-

Ein früher 601 mit dem großen Sachsenring-Zeichen in der Front.

umsicht, sondern wirken auch gestalterisch sehr positiv. Das zu den Seiten hin leicht abgerundete Dach hat Regenrinnen und eine Abrißkante, die hinteren Kotflügel münden wie kleine Heckflossen in die neuen, großen Leuchten. Am wenigsten ist in der Frontpartie geändert. Daß der 601 die vorderen Kotflügel des 600 trägt, fällt aber erst auf den zweiten Blick auf. Die jetzt flacher verlaufende Motorhaube und der breite, von Chrom umfaßte Grill mit dem großen Sachsenringzeichen in der Mitte bestimmen das Gesicht des neuen Trabant. Allerdings reicht auch die Fronthaube nicht mehr bis zur Stoßstange, dafür läßt sich aber das Mittelteil für Servicearbeiten am Motor leicht entfernen.

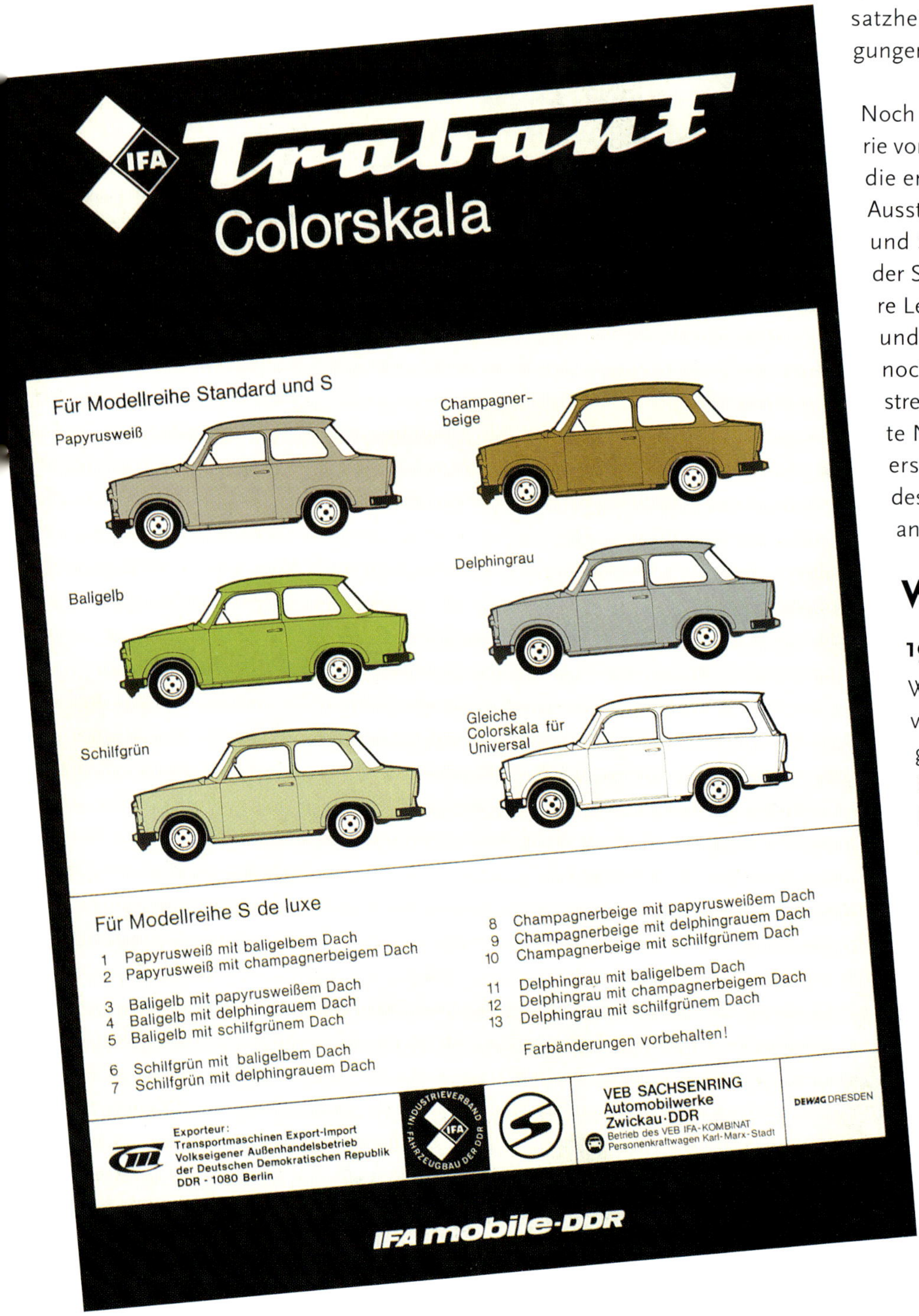

Technisch ist der 601 nahezu unverändert. Maßnahmen zur Geräuschdämmung und eine Leistungssteigerung der Heizung sind neu in die Serie eingeflossen. Offenbar hat es das Werk geschafft, trotz der voluminöseren Karosserie etwas Gewicht einzusparen. Jedenfalls gibt der erste Prospekt für den 601 ein Eigengewicht von 615 Kilogramm (beim 600 waren 620 Kilogramm) und ein zulässiges Gesamtgewicht von 1000 Kilogramm (950) an. Die Innenausstattung ist vom Vorgänger - leicht angereichert - übernommen. Die alte Armaturentafel muß aber noch eine Weile dienen. Noch gibt es keine Ausstattungsvarianten. Als einzigen zusätzlich verfügbaren Luxus nennt der Prospekt verchromte Stoßstangen und eine Zusatzheizung für extreme klimatische Bedingungen.

Noch 1963 entsteht in Zwickau eine Nullserie von 110 Fahrzeugen. Ganz ungewöhnlich die erste öffentliche Präsentation: Auf der Ausstellung des „Zentralen Klub der Jugend und Sportler in Berlin“ zum VI. Parteitag der SED will die Autoindustrie der DDR ihre Leistungsfähigkeit unter Beweis stellen und zeigt unter anderen den 601, hier noch mit einem breiten seitlichen Zierstreifen, der in der Serie entfällt. Eine zweite Nullserie von 23 Fahrzeugen folgt im ersten Halbjahr 1964, ehe nach Auslauf des 600 zum 30. Juni die Produktion voll anläuft.

Weiterentwicklung

1965

Während der Kombi noch in alter Form vom Band läuft, erfährt das Bauprogramm des 601 eine erste Ergänzung. Der Hycomat ist geboren, ein Kupplungsautomat, wie er in den sechziger Jahren auf dem Automobilmarkt häufig anzutreffen ist, sich letztlich aber nicht durchsetzt. Im Trabant 601 H dient diese Technik in der Hauptsache als Grundausführung eines behindertengerechten Fahrzeuges. Ein Hydraulikaggregat übernimmt dabei, aktiviert über einen Elektrokontakt nach Berührung des Schalthebels und in Abhängigkeit von der Motordrehzahl, das Ein- und Auskuppeln. Über den Druck auf das Gaspedal kann der Fahrer die Kraft beim Anfahren dosieren. Verfeine-

Trabant 601

rungen der Innenausstattung aller Modelle bringen ein rechteckiges Kombiinstrument für die Armaturenanlage und einen abblendbaren Innenspiegel. Als allererste Weiterentwicklung erhält der 601, einer internationalen Einbauvorschrift folgend, Befestigungspunkte für Dreipunkt-Sicherheitsgurte.

Lang erwartet und freudig begrüßt geht der neue Kombi, nun Universal genannt, im dritten Quartal in Serie. Mehr als bei der Limousine bringt die Karosserie des 601 hier einen Fortschritt in der Raumausnutzung. Der längere Überhang hinten und die angewachsene Fahrzeughöhe kommen dem Laderaum ebenso zugute wie das gegenüber dem Vorgänger flacher gehaltene Dach. Aus der Hecktür ist eine sich nach oben öffnende Heckklappe geworden, so daß der Trabant Kombi sich jetzt bequem beladen läßt. Eine kleine Ladekante ist aber geblieben, die Klappe reicht nicht bis auf den Gepäckboden. Bei umgeklappter Rückbank bietet der Trabant Universal ein Ladevolumen von 1400 Litern. Die Nutzlast beträgt bei zwei Passagieren 260 Kilogramm, fahren vier Erwachsene mit, bleiben noch 95 Kilogramm für Gepäck. Die

Trapezform in Reinkultur zeigt der Trabant, hier fotografisch betont durch den Hintergrund.

lange hintere Seitenscheibe steht dem Universal gut, die als dezente Heckflossen gestalteten hinteren Kotflügelabschlüsse mit den großen Lichtern passen zusammen mit der im Heckbereich leicht abfallenden Dachlinie ins Bild. Im Gegensatz zur Limousine strahlt der Universal im Design eine gewisse Großzügigkeit aus. In der Tat ist er für einen Kleinwagen sehr geräumig. Entsprechend begehrt ist er auf dem DDR-Markt, vor allem als Basis für den populären Camping-Urlaub. Zum Leidwesen der Kundschaft bleibt der Anteil des Universal an der Produktion des 601 bei rund 20 Prozent immer gering.

1966

Das Grundprogramm steht, die Entwickler können sich um Feinheiten kümmern. Diesmal sind auch die Marketing- und Finanzexperten beteiligt. Sie schaffen drei Abstufungen in der Ausstattung, außer dem 601 gibt es jetzt den 601 S und den 601 de luxe, die allerdings erst im April 1967 in Serie gehen. Die Varianten S (Sonderwunsch) und de luxe haben wiederum verbesserte Sitze, neue Federn und Polsterstoffe erhöhen außerdem den Komfort. Das Zündschloß ist mit einem Lenkschloß kombiniert, ein elekrtomagnetischer Abblendschalter ist an der Lenksäule plaziert. Beide Wagen tragen ihren Luxus mit einem neuen, glattflächigen Kühlergrill zur Schau, der S de luxe zusätzlich mit verchromten Stoßstangen, farblich abgesetztem Dach und zweifarbiger Innenverkleidung. Drei Dinge erhält auch die Standardversion im Rahmen der recht umfangreichen Überarbeitung. Die wartungsfreien Spurstangengelenke sind dabei die wichtigste Neuerung. Sie verringern nicht nur den Wartungsaufwand, sondern halten auch länger und sind schneller austauschbar. Licht und Scheibenwischer werden jetzt über einen Drehknopf bedient. Dankbar werden insbesondere Urlauber die dritte kleine Weiterentwicklung regi-

Das klar gestaltete Heck harmoniert gut mit dem Gesamtbild des Wagens.

striert haben: die Kofferraumklappe der Limousine verharrt jetzt „unaufgefordert" in geöffneter Stellung. Bislang hatte man sie mit beiden Händen umständlich arretieren müssen.

Überraschend erhält die Trabantfamilie noch einmal Zuwachs. Der Trabant Kübel ist da, zunächst ein Patrouillenfahrzeug für die Nationale Volksarmee (NVA). Als „Grenz-Trabant" sollte er es zu eher zweifelhaftem Ruhm bringen, war doch sein Einsatz entlag der DDR-Sperrzone auch aus dem Blickwinkel des Westens unübersehbar. Außerdem hat die Forst- und die Energiewirtschaft Bedarf und in einer zivilen Variante soll er als „Tramp" auch in den Export gehen. Im Prinzip ist der Tramp ein pfiffiges Einfach-Cabrio ohne Türen. Als Freizeitauto wird es später ja auch Liebhaber finden. Den Wetterschutz bildet eine Faltverdeck-Konstruktion

einschließlich einknöpfbarer Türen. Zunächst hat der Tramp ein abgeschrägtes Heck, später fällt es fast senkrecht ab und nimmt das Reserverad auf, das dann auf neuen, sehr robusten Stoßstangen ruht. Das Heck fällt durch sehr einfache Gestaltung auf, bei der Herstellung der neuen Duroplastteile muß gespart werden.

1967

Die Sicherheit steht im Vordergrund. Der Trabant erhält leistungsfähigere Trommelbremsen, die sich zudem mit weniger Kraftaufwand bedienen lassen. Vorn sind nun Duplex-Bremsen eingebaut. Sie haben zwei Hauptbremszylinder anstatt nur einen wie die im Trabant hinten weiter verwendeten Simplex-Bremsen. Letzter Zuwachs der Trabant-Familie: der Lieferwagen lebt wieder auf, in kleiner Stückzahl geht er in den Westexport.

Der Universal vervollständigt die Trabant-Familie.

1968

Im Frühjahr ersetzt ein neuer Rundtachometer das Rechteckinstrument. Die Anbringung der Sicherheitsgurte erfordert Nacharbeit der Entwicklungsingenieure, jetzt werden die Gurte fest verschraubt an einer Gewindeplatte unterhalb der Fenster. Bis dahin waren sie dem Wagen beigelegt! Die Motorhaube erhält eine Schalldämmatte.

1969

Drei PS mehr, das ist die Botschaft dieses Jahrgangs, eingeführt allerdings noch im Dezember 1968. Der Zweizylindermotor hat damit die Endstufe seiner Leistungsentfaltung erreicht. In der Höchstgeschwindigkeit ändert sich nichts, der Trabant mit 26 PS ist aber temperamentvoller geworden. In der Beschleunigung bis 80 km/h ermittelt die KFT eine deutliche Verbesserung, statt in 24,2 Sekunden schafft der Trabant dies nun in 19,5. Erreicht wird dies durch Änderung der Kanalform im

Zylinder, Optimierung des Vergasers und eine bessere Abstimmung des Auspuffsystems auf den Verbrennungsvorgang. Äußerlich erkennt man den 26-PS-Trabanten an den Lüftungsschlitzen in der C-Säule und am Kühlergrill ohne das Sachsenring-S. Die Scheibenwaschanlage wirft die veraltete Zugpumpe über Bord und bedient sich jetzt einer Druckpumpe. Verfeinerungen bei der Kupplung und der Federung runden das Neuheitenpaket ab.

Viel Platz für einen Kleinwagen bietet der 601 Universal.

1970

In diesem Jahr dreht sich viel um die Geräuschminderung. Schallschluckhaube am Motor, Antidröhnmasse am Ableitungsblech des Kühlluftgehäuses und ein neuer Heizungsgeräuschdämpfer bringen die Werte von 83 dB (A) auf 80 dB(A). Kombifahrer werden zusätzlich entlastet durch noch mehr Antidröhnmasse und Filzmatten.

1971

Im Werk wird in den Korrosionsschutz investiert. Die elektrophoretische Tauchgrundierung für das Karosseriegerippe verbessert die Qualtität und vermindert den Arbeitsaufwand. Auf mehr Interesse in der Öffentlichkeit stoßen die neuen Sitze. Formsitze nennt sie Sachsenring, sie sind anatomisch günstiger geformt, haben eine individuelle Rückenlehneneinstellung, austauschbare Bezüge und sind auf die Wirkungsweise der Sicherheitsgurte ausgerichtet

1972

Eine leistungsfähigere Zündspule, neue Zündkerzen und eine geänderte Lichtmaschine lassen den Wagen bei Kälte besser starten und generell die Batterie schonen. Neue Kunststoffe sollen in der Innenausstattung eine Verbesserung bringen und erregen immerhin Aufmerksamkeit.

1973

In kleinen Schritten geht es weiter. Jetzt ist auch die Lenksäule verkleidet! Die Scheibenwischer arbeiten effektiver dank Intervallschaltung (Sonderwunsch), die Türverriegelung läßt sich besser handhaben. Die Heizung wird wieder ein Stück weitergebracht. Geringfügig vergrößert hat sich der Aktionsradius dank eines um zwei Liter größeren, jetzt 26 Liter fassenden Tanks.

1974

Fortschritt der Zweitakttechnik: die neue Lagerung der Kolbenbolzen ermöglicht ein günstigeres Mischungsverhältnis Öl zu Kraftstoff, nämlich 1:50 statt 1:33. Sicherlich für den Nutzer eine willkommene Neuerung, die außer der Haushaltskasse auch die Umwelt etwas entlastet. Die Änderungen im Motor erlauben darüber hinaus eine andere Antriebsübersetzung, die Höchstgeschwindigkeit steigt auf 108 km/h an. Ein Relikt aus der Entstehungszeit des Trabant wird in diesem Jahr teilweise abgelöst: die Armaturenbretter der Versionen S und de luxe werden gründlich überarbeitet, nur der einfache Trabi behält die alte Fassung. Das Rundinstrument der neuen steckt nun unter einer als Blendschutz dienenden Schaumauflage. Die Gestaltung ist einheitlich und schließt eine großflächige Ablage mit ein. In Anpassung an internationale Anforderungen erhält der Trabant eine Warnblinkanlage.

Halb Tramp, halb Hochkombi: Interessanter Versuchswagen aus den achtziger Jahren.

1975

Bemühungen um mehr Korrosionsschutz fließen in die Serienfertigung ein, unter anderem wird die Hohlraumkonservierung verbessert. Der Sicherheit dienen verstärkte Befestigungspunkte für die Gurte und ein vergrößerter Innenspiegel. Die Insassen freuen sich außerdem über Schalldämmatten in Fahrgastraum und Kofferraum.

Im Straßenbild der DDR in den siebziger Jahren gibt der Universal durchaus ein ansprechendes Bild ab. Hier ist er vor dem Rundkino in Dresden geparkt.

1976

Die einzige bedeutsame Änderung kommt passend zur Jahreszeit: ab November liefert eine zusätzlich wirkende Heizung endlich genügend Wärme im Trabant. Es ist eine Krümmerheizung, sie erhitzt angesagte Kaltluft am Auspuffkrümmer und führt die erwärmte Luft dem vorhandenen Heizsystem zu.

1977

Bei technischen Weiterentwicklungen macht das Werk bis auf Kleinigkeiten eine Pause. Die Kundschaft soll eine etwas aufgewertete Ausstattung und ein neues Farbprogramm bei Laune halten. Papyrusweiß, Baligelb, Schilfgrün, Delphingrau und Champagnerbeige heißen die Kreationen. Gerade der klangvolle Name für den letztgenannten Farbton verspricht viel mehr, als er hält. Champagnerbeige entpuppt sich als ein sehr gewöhnngsbedürftiges tiefes Braun. Die Version de luxe Universal erhält eine Fondablage, an der Hecktür ist jetzt eine selbsttätige Heckklappenstütze eingebaut.

1978

Das Programm wird umgestellt, die bestausgestattete Version heißt nun S de luxe, darunter rangieren die Varianten S und Standard. Neue Schaumkunstlederbezüge für die Sitze und die Seitenverkleidung im „Finish"-Paket sorgen für die wichtigste Unterscheidung. Äußerlich erkennt man den S de luxe an den kleinen Stoßstangenhörnern aus Gummi.

Kleine, aber wichtige Verbesserungen der Sicherheit bringt dieses an Neuerungen ansonsten arme Jahr. Die Statikgurte erhalten endlich Gurtpeitschen am Wagenboden und einen vereinfachten Verstellmechanismus, und die Bremsleitungen werden mit Schutzschichten massiv vor Beschädigungen von außen bewahrt. Überraschend ist auf der Leipziger Herbstmesse der Tramp ausgestellt, lieferbar in den Farben pastellweiß, delphingrau, cliffgrün und kristallblau. Bis dahin war von dieser für den Export reservierten Ausführung offiziell nie die Rede gewesen.

1979

Neben einer Reihe fertigungstechnisch bedingter Änderungen erregt die neu geordnete Ausstattung des S de luxe Aufmerksamkeit. Das von Anfang an sehr beliebte Elektropaket beinhaltet Nebelschlußleuchte, Rückfahrscheinwerfer, Zweiklanghorn, bessere Radioentstörung und elektrisch arbeitende Scheibenwaschanlage einschließlich Wisch-Wasch-Funktion.

1980

Der Trabant 601 hat jetzt ein äußeres Kennzeichen, das ihn bis zum Ende seiner Laufbahn begleiten wird: die schwarzen Kunststoffecken auf den Stoßstangen. Den S de luxe erkennt man weiterhin an den Gummihörnern auf den generell neu profilierten Stoßstangen sowie im Rahmen des bekannten Elektropaketes an Nebelschlußleuchte in Kombination mit einem Rückfahrscheinwerfer. Wichtiger als all dies ist die Zweikreisbremse. Mit dem zweiten Bremskreis als Reserve im Falle eines Defektes kommt das Werk einer Anforderung des internationalen Marktes nach. Außerdem wird die Abgasanlage überarbeitet, bessere Materialien finden hier Verwendung, so soll der chronische Mangel an Ersatz-Auspuffanlagen gemindert werden, wie sich herausstellen sollte, nicht gerade mit durchschlagendem Erfolg.

1981

Neue, besser dämpfende und leiser arbeitende Stoßdämpfer sind eine spürbare Verbesserung. Ansonsten gibt es in jenem Jahr Kleinigkeiten bei den bekannten Fahrzeugen, etwa ein neues Türschloß. Die Luxusvariante des Universal wird mit Heckscheibenwischer und Wisch-Wasch-Automatik ausgerüstet, noch einmal ändern sich für alle Fahrzeuge die Statikgurte. Endlich beginnt auch für den Trabant das Zeitalter der Automatikgurte, ab September sind sie gegen Aufpreis zu haben. Mehr Beachtung als all dies findet aber ein durchdachtes Sonderfahrzeug für Behinderte auf Basis des Universal. Nicht nur der altbekannte Hycomat steht zur Verfügung, sondern auch Handbedienung für Gas und Bremse und eine Sitzkonstruktion, die das Hineinziehen des zusammengelegten Rollstuhls in den Wagen erlaubt. Um Platz für ihn zu schaffen, wird die Rücksitzbank nach hinten geklappt. Details wie zusätzliche Haltegriffe und ein Kissen auf

Innenausstattung aus dem Jahre 1982 mit dem Blendschutz für den Tachometer.

dem Beifahrersitz zum problemlosen Hinüberwechseln zeigen, daß die Idee systematisch und konsequent umgesetzt wurde.

1982

Ein wichtiger Schritt zu weniger Kraftstoffverbrauch: Der neue Vergaser 28 HB 4-1 garantiert gezielte, dem jeweiligen Lastzustand angepaßte Benzinzufuhr. Das soll einen Minderverbauch von einem halben Liter bringen. Den Gebrauchswert erhöht außerdem eine wartungsarme Batterie. Augenfälliger sind Änderungen im Innenraum. Der Tacho erhält einen Blendschutz, die Instrumententafelauflage ist aus dunkler Hartfaserplaste und die Austattung S de luxe bietet ein neues, griffgünstiges Lenkrad.

1983

Wieder ist, wenn auch sehr spät, ein Rückstand aufgeholt: ab Oktober erhält der Trabant eine 12-Volt-Anlage, gleichzeitig ersetzt eine Drehstromlichtmaschine die bisherige Gleichstromlichtmaschine. Nun hat der Wagen endlich genug Energie an Bord, Halogenzusatzscheinwerfer und andere zusätzliche Verbraucher sind kein Problem mehr. Einen bietet das Werk sofort an: die heizbare Heckscheibe für Limousine und Universal in der Ausführung S de luxe. Hier gehören jetzt auch Kopfstützen an den Vordersitzen zur Serie, für die anderen Varianten können sie als Sonderwunsch bestellt werden. Immer wieder gibt es Kleinigkeiten zum Nachbessern. So wird die Hecktür des Universal von zwei Gasdruckdämfern gehalten. Bis dahin mußte bei den einfachen Ausführungen die Klappe auf der linken Seite mit einer mechanischen Stütze gesichert werden.

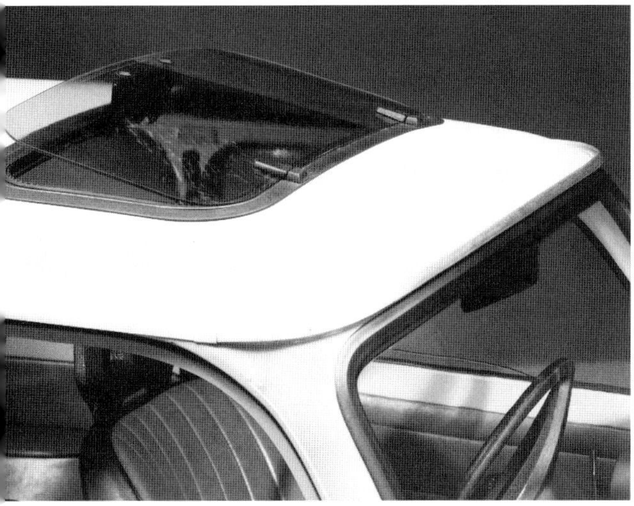

Luxus zum Schluß: Glashebedach, eingeführt 1988.

Trabant zum Durchblicken (Neuerungen Mitte der achtziger Jahre):

1) Elektronische Batteriezündanlage
2) Neues Kugelgelenk außen
3) Elektronischer Einkreisblinkgeber
4) Sitzlängsverstellung
5) Glaskippdach
6) Schraubenfedern hinten
7) Türabdichtungsprofil aus Moosgummi

Trabant

5
6
7
6

Rückfahrscheinwerfer sind ein Kennzeichen der bestausgestatteten Trabant 601 der letzten Jahre.

1986

Die letzte bedeutsame Weiterentwicklung des Trabant 601 ist auf der Leipziger Herbstmesse 1986 zu bewundern, geht aber erst April 1988 in Serie: Schraubenfedern hinten ersetzen die Querblattfeder. Mehr Komfort, höhere Nutzungsdauer und Wartungsfreiheit sind die Vorteile dieser Technik, die nun auch Trabant-Eigner genießen dürfen. Schwierigkeiten im Zusammenspiel mit der vorderen Querblattfeder begegnet man damit, daß der Federweg der Schraubenfedern nicht voll ausgeschöpft wird. Im Innenraum fallen drei moderne Kippschalter auf, Nebelschlußleuchte, Nebelscheinwerfer und heizbare Heckscheibe werden damit bedient. Der Blinkgeber arbeitet ab jetzt elektronisch. Im Werk wird noch einmal in den Korrosionsschutz investiert mit der Zink-Phosphatierung für das Karosseriegerippe.

1984

Die 12-Volt-Anlage macht es möglich: Neu-Besitzer können sich an H4-Licht erfreuen, wer einen S de luxe sein eigen nennt, hat nun auch Nebelscheinwerfer zu Verfügung. Zu dieser Ausstattung zählen außerdem hintere Ausstellfenster. Das Fahrwerk erfährt buchstäblich spürbare Verbesserungen, neue Antriebsgelenkwellen aus dem mit Hilfe von Citroën errichteten Gelenkwellenwerk in Mosel bei Zwickau reduzieren Querschwingungen und Vibrationen im Lenkrad. Es sind Gleichlaufgelenkwellen im Gegensatz zu den bislang verwendeten Scharniergelenkwellen. Die später wegen Sicherheitsfragen sehr diskutierte Kraftstoff-Momentan-Verbrauchsanzeige (siehe Seite 100) fließt in die Serie ein und ersetzt die Tankuhr! Lichtzeichen Rot, Gelb und Grün signalisieren die momentanen Folgen der Fahrweise. Wer verbrauchsgünstige Drehzahlbereiche verlassen will, muß mit dem Gaspedal bewußt einen Druckpunkt überwinden.

1985

Feinarbeit unter der Haube: geänderte Kolbenringabdichtung und eine verbesserte Kupplung erhöhen die Nutzungsdauer. Außerdem gibt es ein neues Zündschloß, es entspricht den ECE-Normen und hat eine Anlaßwiederholsperre. Die Batteriezündanlage arbeitet jetzt elektronisch.

1987

Viel Mühe steckt das Werk schon lange nicht mehr in die Weiterentwicklung des 601. Aus einigen kleinen technischen Änderungen ragt in diesem Jahr die Verwendung von asbestfreiem Belag für die Kupplungsscheibe heraus.

1988

Den Trabant S de luxe des Jahrgangs 1988 erkennt man äußerlich am Glashebedach, lieferbar ist es auch für den S im Rahmen von Ausstattungspaketen. Am Schluß seiner Karriere erhält der 601 noch eine neue Batterie und Mehrschichtsicherheitsglas für die Frontscheibe, übrigens wie so oft bei Neuerungen, in zwei Etappen. Der Universal hat sie schon ab April, die Limousine erst ab Dezember.

1990 hat der P 601 ausgedient. Ein Kleinwagen auf dem technischen Niveau der späten fünfziger Jahre mit veraltetem Motor in einer weltweit inzwischen weniger gefragten Fahrzeugkategorie, immer wider mühsam nachgebessert und produziert mit viel zu großem Aufwand. Der Trabant P 601 symbolisiert den Stillstand, den das gerade zu dieser Zeit abdankende politische System zu verantworten hat.

Trabant 1.1

Nur die buchstäblich einmaligen Ereignisse der politischen Wende in der DDR Ende der achtziger Jahre können die Bedingungen schaffen für einen derart schwierigen und von vorn herein zum Scheitern verurteilten Start eines neuen Automobils. Der Trabant 1.1 hat keine Chance auf dem Markt. Weit aufwendiger als es die äußeren Retuschen an der Karosserie vermuten lassen, sind die technischen Veränderungen als Folge der Implantation des Viertaktmotors ausgefallen. Teure Entwicklungsarbeiten (siehe Seite 90) und eine im Vergleich zum Weltstandard

Das neue Gesicht: Kühlermaske und Stoßfänger sorgen für Unterscheidung vom alten Trabant.

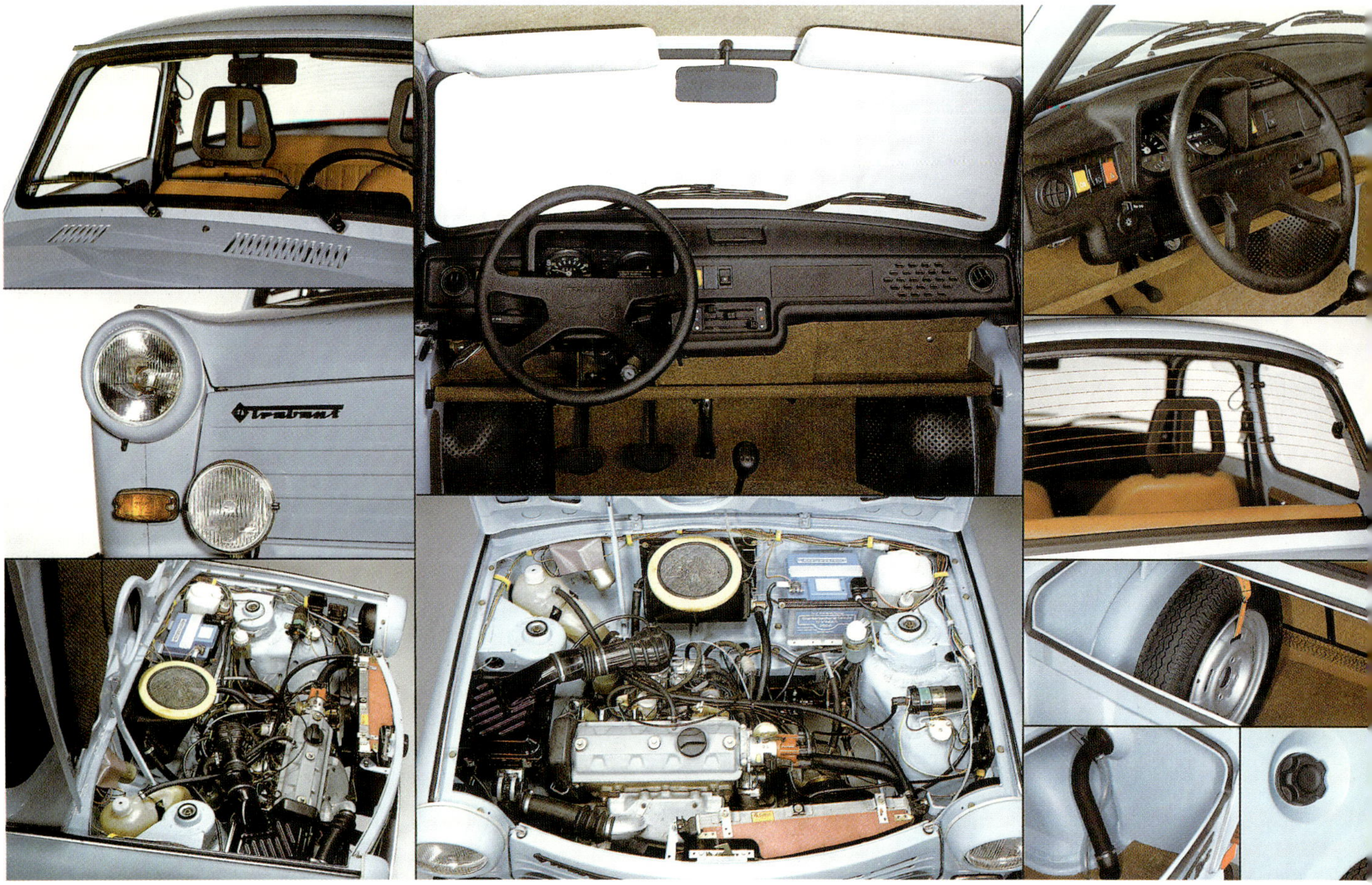

ohnehin unrationelle Fertigung machen jeden einzelnen Trabant 1.1 in der Herstellung so teuer, daß der halbwegs marktgerechte Preis nach der Währungsumstellung von zuletzt 6900 DM die Kosten nicht deckt. Während für die Zeit ab Produktionsbeginn bis zur Währungsumstellung kein Preis festgelegt ist, kostet der Trabant 1.1 nach dem 1. Juli zunächst 9110 DM (Limousine), 10.250 DM (Universal) und 14.820 DM (Tramp). Unter alten Voraussetzungen hatte das Werk mit 19.865 Mark der DDR für die Limousine kalkuliert, ein Preis, der bei seiner Bekanntgabe im Sommer 1989, kurz vor der friedlichen Revolution in der DDR, für kaum verborgene Empörung beim erwartungsfrohen Publikum sorgt.

720 Baugruppen und Einzelteile werden neu- oder weiterwentwickelt, teilt das Werk in über die zu jener Zeit noch parteitreue Presse in der DDR mit. 340 neue Teile muß allein die Zulieferindustrie bereitstellen und dafür im eigenen Betrieb kräftig investieren. Wo ist dieser ganze Aufwand versteckt im Trabant 1.1? An fast allem hat der Motor „schuld“. Ein modernes Aggregat in eine veraltete Hülle sinnvoll und verantwortbar einzubauen, ist eben ein aufwendiges und technisch kompliziertes Unterfangen. Dabei gab es an der Qualität des Motors aus der Lizenzproduktion des IFA-Kombinates keine Zweifel. Als Lizenzgeber fungiert Volkswagen, seit Juli 1988 läuft der Motor des im Herbst gleichen Jahres vorgestellen Wartburg 1.3 in den VEB Barkas Werken in Karl-Marx-Stadt vom Band. Zum Motor aus Lizenzfertigung gehört außerdem das vom VEB Sachsenring auch für Wartburg und Barkas entwickelte Vierganggetriebe.

Noch die alten Stoßstangen hatte der Testwagen der Zeitschrift KFT.

Der moderne Motor bewährt sich

Im April 1988 arbeitet der erste neue Trabantmotor, bei Barkas BM 820 genannt, auf dem Prüfstand. Der Vierzylinder-Viertakter hat einen Hubraum von 1043 ccm und wird wie schon der alte Motor quer ins Fahrzeug eingebaut. Im Vergleich zum Wartburg-Motor aus der selben Baureihe ist für den Trabant bei gleicher Bohrung (75 Millimeter) der Hub um 13 Millimeter (59) geringer ausgefallen. Die Maschine leistet 30 kW/40 PS bei 5500/min. Zylinderkopf aus Leichtmetall, Tassenstößel mit integriertem, hydraulischem Ventilspielausgleich, Antrieb der obenliegenden Nockenwelle über Zahnriemen und ein Zylinderblock aus Grauguß sind wichtige Baumerkmale der Maschine. Der Fallstromvergaser ist mit Startautomatik und Schubabschaltung kombiniert. Die Motorcharakteristik beschert dem 1.1 viel Kraft im unteren Drehzahlbereich. Die seinerzeit vielfach geäußerte Befürchtung, der Trabant 1.1 sei übermotorisiert, gewissermaßen eine „Mumie mit Herzschrittmacher", so eine gängige Spottformel, bestätigt sich nicht. Unabhängige Testberichte bescheinigen dem 1.1 eine gelungene Abstimmung des neuen Motors auf die alte Fahrzeugkonstruktion. Ein Verbrauchsvorteil gegenüber dem Zweitakt-Trabant stellte sich allerdings kaum ein. Das gegenüber dem 601 um 85 Kilogramm höhere Gewicht des 1.1 und in aller Regel größerer Fahrspaß lassen den Verbrauch bei gut sieben Litern einpendeln, obwohl das Werk sechs Liter versprochen hat. Tempo 100 ist für den Trabant nun kein Problem mehr, die Höchstgeschwindigkeit mißt die Zeitschrift KFT mit 128 km/h (601: 107 km/h), von 0 bis 80 km/h brauchte danach der Viertakter 22,1 Sekunden gegenüber 30, bis 80 km/h liegen

Knüppelschaltung und die an Volkswagen angelehnte Gestaltung der Armaturentafel sind die neuen Elemente der Innenausstattung.

die Werte bei 14 beziehungsweise 18 Sekunden. Wohltuend leise fühlt sich der Trabant-Passagier nun auf seinem Weg vorangebracht. Nach einer in KFT 3/90 veröffentlichten Messung beträgt der Schalldruckpegel im 1.1 bei Tempo 40 etwa 65,5 dB(A), im 601 stolze 71, bei Tempo 80 im 1.1 rund 70, im 601 bei etwa 78 und bei Tempo 100 dann 73 beziehungsweise 85 dB(A). Ein Minderung um drei dB(A) wird als eine Halbierung des Lärms empfunden!

Nur zwei wurden gebaut: Pick-up-Version des 1.1

Viel Mühe haben sich die Entwickler mit der Motorlagerung gemacht, Schwingungen, wie sie offenbar beim Viertakt-Wartburg vorkommen, kennt der Trabant 1.1 nicht. Für eine optimale Lagerung wird der schon beim 601 vorhandene Hilfsrahmen verstärkt. Völlig neu ist die Vorderradaufhängung. „Die Vorderräder spuren jetzt richtig", stellt „Der Deutsche Straßenverkehr/Auto" in seinem Test in Heft 4/90 erfreut fest. McPherson-Federbeine und Schraubenfedern sind eine neue Welt für Trabant-Fahrer. Für eine bessere Vorderradführung sorgen auch die um 74 Millimeter verbreiterte Spur und der Querstabilisator. Vor allem, um Raum für den Tank zu schaffen, für den nun unter der Motorhaube kein Platz mehr ist, werden die hinteren Federbeine modifiziert. Lob findet außerdem die überarbeitete Lenkung. Daß nun auch der Trabant (vorn) Scheibenbremsen hat, stellte eine Notwendigkeit dar angesichts der neuen Fahrleistungen. Daß ein Bremskraftverstärker fehlt, schlägt dagegen als Mangel zu Buche. Die hinteren Trommelbremsen haben aber nun einen Bremskraftbegrenzer. Leider faßt der nun endlich an optimaler Stelle plazierte Tank gegenüber dem 601 nur zwei Liter mehr (28 statt 26), der Nachteil der kurzen Reichweite ist also unverändert.

Alte Probleme sind geblieben

Trotzt all der Änderungen ist der 1.1 ein Trabant geblieben. Das im Vergleich zur Konkurrenz problematische Federungsverhalten hinten hat sich nicht verändert, wie erste Tests bestätigen. Bei nur vorn besetztem Wagen sprechen die Schraubenfedern zu schwach an, die trabanttypischen Nickschwingungen sind auch dem 1.1 treu.

Vor allem aber ist er im Raumangebot natürlich immer noch der Kleinwagen aus dem Jahre 1964. Die neue Technik im Vorderwagen hat den Fußraum dort sogar noch etwas reduziert. Mit dem 601 vertraute Fahrer erfreuen sich allerdings am günstig plazierten Hebel der Knüppelschaltung, an neuen, der Gestaltung bei VW angenäherten Armaturen mit zwei großen Rundinstrumenten. Heizung und Lüftung entfalten endlich die erwünschte Wirkung.

Die Optik schafft außen nur sehr dezente Unterschiede zum 601. Das Kühlergrill in asymmetrischer Aufteilung, die dicken Stoßfänger und die vergößerten Rückleuchten zeigen dem infomierten Betrachter der Straßenszene den technischen Fortschritt an. Ein Rückschritt in der Optik ist die Form der jetzt gerade verlaufenden und vorn abgekanteten Motorhaube. Sie besteht nun aus Stahl, der vorhandene Maschinenpark der Fertigung läßt keine andere Lösung als eine solche Kante zu. Daß dem Tankverschluß eine Klappe fehlt, macht einen ärmlichen Eindruck.

Der Trabant 1.1 bedeutet gegenüber dem allerdings deutlich rückständigen 601 in vielen Punkten durchaus einen großen Fortschritt. In einer weiterhin von der westlichen Welt abgekoppelten DDR und auf den östlichen Exportmärkten hätte er - erschwingliche Endpreise vorausgesetzt - sicherlich Anerkennung gefunden. Letztlich aber kommt der Schritt zum Viertaktmotor 20 bis 25 Jahre zu spät. Wie soll sich ein Auto, das eine technische Epoche von vor drei Jahrzehnten verkörpert, auf dem Weltmarkt behaupten? Das kann nicht gutgehen. Kleinwagen aus Italien und Japan - die bundesdeutsche Autoindustrie hat um 1990 einen echten Kleinwagen wie später den Ford Ka oder VW Lupo noch nicht zu bieten - schlagen den Trabant 1.1 bei nüchterner Betrachtung um Längen, ganz zu schweigen von der verlustbringenden Herstellung in Zwickau. Der Entschluß des Werkes, 80 Prozent Universal und nur noch 20 Prozent Limousinen zu bauen, weil man sich für den Kombi eine größere Nachfrage erhofft, kann nichts mehr retten. Auch Vermarktungsversuche wie die peppige Aufmachung des Tramp vom Werk und Styling-Kits der Münchener Engineering-Firma IVM ändern nicht die Situation.

Auch beim Trabant 1.1 haben die alten Scheinwerfer überlebt, während die Rückleuchten etwas kräftiger ausgeführt sind.

Auf dem Messestand die letzte Trabant-Neuheit

Der zur Leipziger Herbstmesse 1990 präsentierte Tramp - die letzte Modellneuheit vom Trabantwerk, die noch in Serie geht! - kommt ganz in weiß und lockt mit einem Sonnensymbol auf der Motorhaube. Der Trabant Pickup bleibt eine Idee, obwohl auch er in Leipzig steht und noch ein offizieller Prospekt erscheint. Diese pfiffig wirkende Variante hatte für die 1,35 Meter lange Ladefläche eine Nutzlast von 395 Kilogramm zu bie-

ten. Gebaut werden dann nur noch zwei Stück. Angekündigt und in den letzten Produktionsmonat auch umgesetzt wird der Einbau eines ungeregelten Katalysators. Nicht mehr zum Tragen kommt das auch für den Wartburg geplante Fünfganggetriebe und der Einbau einer Maschine mit 1300 ccm.

IVM in München hat im Sommer 1990 zusammen mit dem Werk ein Konzept zur optischen Aufwertung der ganzen Modellreihe entwickelt. Umgesetzt wird es noch für den Tramp, der auffällige Farben, Schutzgitter wie ein echter Geländewagen („Kuhfänger"), Trittbretter, ein buntes Sportlenkrad sowie hochwertige Sitze erhielt. Dieser Caro Tramp 110 steht ganz zum Schluß der Trabant-Karriere für 12.980 DM bereit. Auch die Limousine erfährt bei dem Projekt starke optische Veränderungen. Farbliche Absetzungen am Dachrand, der A-Säule und am Bodenschweller sowie ein Grill im Geländewagenlook sorgen für Aufmerksamkeit. An der Seite fallen zwei Sicken auf, hinten die großen eckigen Leuchten und wiederum zusätzliche Farbe. Lederlenkrad, Ledersitze und Lederelemente an der Türinnenverkleidung sollten dem Super-Trabant eine besondere Note geben. Nur bis ins Stadium einer Zeichnung bringen es entsprechende Versionen des Universal und des Pickup. Auf den Markt kommen sie nicht, abgesehen von mindestens 60 Caro Tramp geht das ganze Projekt im Strudel der Werksschließung im April 1991 mit unter. Die IVM-Trabis stehen heute im Zwickauer Museum.

Was wirklich bleibt, ist das Gestalt gewordene Sinnbild der ewigen Improvisation, mit der die Autoindustrie der DDR leben mußte und die sie in der neuen Bundesrepublik ihre Eigenständigkeit kostete. Es hatte fast tragikomische Symbolik, als auf der Internationalen Automobilausstellung (IAA) in Frankfurt/Main 1991 der Trabant 1.1 zum letzten Mal im Mittelpunkt stand. Sachsenring, das mit dem Trabant nie nach Frankfurt gekommen war, warb für seine neue Komponentenherstellung und stiftete als Werbeaktion einen Tramp für die „Aktion Sorgenkind". Zu einem Sorgenkind war der Trabant der Belegschaft in Zwickau in den eineinhalb Jahren zuvor allerdings längst geworden. Was außerdem bleibt: Ein hochinteressantes Sammelobjekt für die Trabantfreunde, obwohl diese mehr dem DDR-typischen Zweitakter zugewandt sind. Nur 38.122mal wurde der 1.1 gebaut, die allerletzten kamen 1994, drei Jahre nach Produktionsstopp, in den Handel. Exakt 444 Universal waren nach dem Konkurs eines Importeurs in der Türkei zurückgeschickt worden und standen für knapp 20.000 DM als Sammlerstück in limitierter Auflage zur Verfügung. Sie bilden das effektvolle Schlußbild in der Ahnengalerie des Trabant.

Für Universal und Pickup bleiben die IVM-Vorschläge nur Ideen.

Alte Technik im neuen Gewand: P 603, gekippt im Jahre 1966

Ebenfalls „von oben“ verworfen: neue Karosserie für den Trabi (1981)

Schattenautos von Sachsenring

Die Belegschaft von Sachsenring hatte in den siebziger und achtziger Jahren keinen leichten Stand in der DDR. Zu groß war in der Bevölkerung der Frust über den technisch veralteten Trabant und seinen viel zu hohen Verkaufspreis, als daß man sich nicht im privaten Kreis bei „passender" Stelle ein wenig abreagieren wollte. So wurden Sachsenring-Mitarbeiter immer wieder in bohrende Diskussionen hineingezogen. Wer dann nicht verleugnen konnte, daß er in der Entwicklung beschäftigt war, der konzentrierte unfreiwillig Wut und Spott in besonderem Maße auf sich. Er war in einer schwierigen Situation: er durfte nicht erzählen, was er wußte und er mußte seine eigene Unzufriedenheit verbergen. Gern hätte er zum Beispiel vom vielversprechenden Projekt mit Skoda und Wartburg erzählt und von dem Entsetzen, das das folgende „Nein" des Politbüros im Werk auslöste. Oder er hätte von dem Trabant-Nachfolger als Ersatzlösung berichtet, voller Stolz,

Der einzige Prototyp, den das Werk selbst verwarf: Vorläufer des P 50.

so lange man daran arbeiten durfte. Aber dann.... Er hätte später von einem kleinen Pkw-Dieselmotor berichten können, ganz auf der Höhe der Zeit. Er tat es nicht, einmal, weil es ihm (wie Mitarbeitern der Entwicklungsabteilung westlicher Firmen auch) von Haus aus verboten war, vor allem aber, weil er mit einem Bericht über das ständige Scheitern guter Projekte in der staatlich gelenkten Wirtschaft der DDR schnell in die Nähe „staatsfeindlicher Hetze" geraten wäre, ein Straftatbestand in der DDR, der hohe Haftstrafen nach sich ziehen konnte. Erst nach dem Ende der DDR erfüllte die lange Reihe der Prototypen, die „Schattenautos" des VEB Sachsenring, doch einen guten Zweck. Sie diente der Rechtfertigung für die Techniker und Arbeiter: Nicht Zwickau hatte geschlafen, sondern Berlin hatte blockiert! Als von dort doch noch eine Reaktion kam, war es zu spät.

Immer auf der Höhe der Zeit

Die Geschichte des Trabant an den produzierten Typen P 50, 600, 601 und 1.1 festzumachen, ist eben nur die halbe Wahrheit. Parallel dazu existierte bis zum letzten Tag eine Kette hochaktueller Entwicklungen, die letztlich nur für das Museum entstanden, wo ein Teil von ihnen heute zu bewundern ist. So wie der P 50 auf der Höhe der Zeit war, so lagen die Techniker von Sachsenring wiederum völlig richtig, als sie schon 1961 an den Trabant-Nachfolger gingen. Der hätte 1964 erscheinen sollen, der erhaltene Prototyp jenes P 100 enstand zwischen Februar und August 1961. Er war wesentlich größer als der Trabant, bot vier Erwachsenen ausreichend Platz und hatte eine Ganzstahlkarosserie. Ein wenig nahm er das Erscheinungsbild des späteren Wartburg 353 aus dem Jahre 1966 vorweg. Der Dreizylinder-Zwei-

Verpaßter Aufstieg: Prototyp P 100 von 1961.

So hätte der Trabant 1.1 in neuem Kleid aussehen sollen. Es blieb beim Modell.

taktmotor mit einer Leistung von 47 PS entsprach Zwickauer Tradition und wäre sicherlich nicht das letzte Wort gewesen, das vollsynchronisierte Vierganggetriebe und Scheibenbremsen vorn sollten dem Wagen im Stil der damaligen Mittelklasse eine gute Position auf dem Weltmarkt verschaffen. Die gefällige Trapezform mit großen Fensterflächen und klaren Linien wäre genau zum richtigen Zeitpunkt gekommen. Richtig nach Maßstäben des Weltmarktes war es auch, einen größeren Wagen als Trabant-Nachfolger anzubieten. Daß der Zwickauer Prototyp einem Eisenacher Versuchswagen derselben Bezeichnung in den Maßen sehr ähnlich war, lag am Ursprung des ganzen Projektes: ein Wettbewerb des VEB Zentrale Entwicklung und Konstruktion für den Kraftfahrzeugbau (ZEK) in Karl-Marx-Stadt hatte den Anstoß gegeben. Das Automobilwerk Eisenach wählte übrigens für seinen P 100 das Konzept des Mittelmotors. Das Politbüro als allumfassendes Machtorgan im Staat aber sagte an beide Adressen „nein" und eröffnete damit einen Reigen von Fehlentscheidungen zu Lasten des Automobilbaus in der DDR. Hauptgrund der Ablehnung war die Notwendigkeit zu vieler neuer Werkzeuge. Ein Grundübel der DDR-Wirtschaft ist damit aufgezeichnet: einerseits hatte man immer noch an den Folgen der erheblichen Reparationszahlungen an die Sowjet-Union zu knabbern - gerade auf dem Sektor des Anlagenbaus -, zum anderen war die Devisenknappheit so groß (beziehungsweise die eigene Wirtschaftskraft so schwach), daß kurzlebige Westexporte langfristigen Planungen vorgezogen wurden. Jedenfalls durfte der weltweit konkurrenzfähige Werkzeugmaschinenbau der DDR den eigenen Landesbedarf nicht decken, sondern er mußte exportieren nach Ost (Reparationen) und West (Devisen). Da blieb nichts übrig für ein vielversprechendes Projekt wie den P 100, das ja später durchaus auch Devisen eingefahren hätte.

Endstation Vitrine: P 100 (links) und P 603 (rechts).

Improvisation und Neuerung

In Zwickau hatte man verstanden und berücksichtigte das Verdikt aus Berlin nicht nur bei künftigen Prototypen, sondern widmete noch mehr Einsatz dem eigenhändigen Bau von Anlagen. Schon beim Trabant waren zum Beispiel alle Pressen selbst gebaut worden. In der Regel ist das kein rationeller Weg, weil Improvisation teurer kommt als Spezialistentum. Beim nächsten Protoptypen, dem P 603, blieben die Zwickauer bei der Kunststoffkarosserie und planten die Verwendung von möglichst vielen vorhandenen Werkzeugen ein, entwickelten aber - ihrer Zeit weit voraus - eine attraktive Kombiheck-Karosserie. Die erhaltenen Fotos zeugen von einer hochmodernen Karosserielinie, wie sie ähnlich zum Beispiel auch bei Volkswagen als Vorläufer des Golf in Arbeit war (Entwicklungsauftrag 276 von 1969). McPherson-Federbeine vorn, Querlenker und Schraubenfedern hinten hätten ein modernes Fahrwerk gebildet. Mehrere Motoren standen in Zwickau zur Debatte und liefen auch in den insgesamt neun Musterfahrzeugen: ein Wartburg-Zweitakter, sechs wassergekühlte Viertaktmotoren von Skoda und zwei Wankelmotoren. Im Werk konzentrierten sich alle Gedanken nur noch auf den Nachfolger des Trabant 601, dessen Weiterentwicklung vorübergend ganz eingestellt wurde. Dafür sausten Trabant 601 mit Wankelmotoren durch Zwickau und fielen dem kundigen Betrachter am rechts plazierten Auspuff auf.

Das Wankel-Abenteuer

Wie viele Automobilfirmen setzten auch die DDR-Betriebe in Zwickau und Eisenach auf den Wankelmotor, wie fast bei allen anderen erwies sich dieser Weg als Sackgasse. Allein Mazda aus Japan ließ den Drehkolbenmotor nicht fallen, pflegt ihn bis heute und hat sogar Zukunftspläne, falls es einmal Wasserstoff-Motoren geben sollte. Die Vorteile des geringen Platzbedarfes, des geringen Gewichtes und der wenigen sich bewegenden Teile brachten in der Praxis kaum Fortschritte, in der Entwicklungsphase aufgetretene Nachteile erwiesen sich aber als zu gravierend. In der damaligen Bundesrepublik leiteten bei „Wankel-Mutter" NSU die motorbedingten Probleme mit dem im Prinzip großartig gelungenen NSU Ro 80 das Ende der Selbständigkeit ein, die letzten Ro 80 waren dann die Dienstwagen des Vorstandsvorsitzenden von Volkswagen. In Zwickau wie anderswo erwies sich vor allem das Problem der „Rattermarken" als unlösbar. Die Schwingungen des Drehkolbens verursachten an der glatten Fläche des Zylinders mit der Zeit Unebenheiten, die Dichtung baute sich ab, die Verbrennung wurde ungleichmäßig. Gedacht war ursprünglich an einen Einscheiben-Motor für Sachsenring und an einen Zweischeibenmotor für das Automobilwerk Eisenach. Ausgerechnet auf einem Gebiet, auf dem das Politbüro grünes Licht gegeben hatte, konnte der Durchbruch nicht erzielt werden, fast schon ein tragischer Vorgang. Im Juli 1967 wurde die NSU-Entwicklungslizenz gekündigt.

Prototypen alle vernichtet

Am Wankelmotor lag es aber nicht, daß der neue Trabant P 603 nicht Wirklichkeit wurde. Ende September 1966, kurz vor der geplanten Präsentation vor der Parteispitze in Karl-Marx-Stadt, kam das Veto aus Berlin. Hatte man den P 100 noch in der DDR-Presse und in Buchveröffentlichungen zeigen dürfen, so war diesmal die Devise klipp und klar, alle Prototypen zu vernichten. Das geschah auch, heute existieren nur noch ein paar Fotos von ihnen und ein Modell. Der Schock saß tief, aber ganz umsonst war die Arbeit (scheinbar!) doch nicht. Die Erfahrungen aus dem P 603 flossen ein in das nächste Projekt, das sogenannte RGW-Auto, in eine Entwicklung also, die zusammen mit einem sozialistischen Wirtschaftspartner betrieben werden sollte. Auch in der Tschechoslowakei waren nämlich die Mittel knapp in den siebziger Jahren, der seit 1964 in einem modernen Werk gebaute Heckmotor-Skoda war technisch ausgereizt und rief nach einem Nachfolger. Wartburg in Eisenach und Sachsenring hatten bekanntlich dieselben Sorgen. Zu dritt wollte und sollte (!) man den Nachfolger auf die Räder stellen. Das Projekt brachte es bis zu einem Staatsvertrag zwischen der DDR und der Tschechoslowakei. Mit dem P 760 enstand wiederum eine Kombi-Limousine, der Skoda-Motor mit 50 PS aus 1100 ccm Hubraum, Einzelradaufhängung und Scheibenbremsen waren wichtige technische Merkmale. Das Design wirkte durchaus modern, eigenständig und auch eigensinnig, japanische Kompaktwagen griffen eine ähnliche Linie später auf. Wenig schmeichelhaft allerdings der Spitzname des P 760 im Werk: „Hängebauchschwein".

Im ersten Quartal 1970 waren vier Prototypen des RGW-Autos, das selbstverständlich eine Ganzstahl-Karosserie erhalten solle, in Zwickau gebaut worden. Bei einheitlichem Chassis und Motorenbestückung sollten in beiden Ländern unterschiedlich gestaltete Karosserien verwendet werden. Jeweils 360.000 Fahrzeuge pro Jahr sollten in der Tschechoslowakei und in der DDR entstehen, was einer Verdoppelung der Produktion gleichgekommen wäre.

Was diesmal nur Pessimisten erwarteten, bahnte sich am 3. April 1973 an, nämlich wieder eine negative Entscheidung des Politbüros. Es befand in jener denkwürdigen Sitzung, die Angelegenheit sei nicht „entscheidungsreif". Erwartet hatten zumindest die Vertreter von Sachsenring die endgültige Freigabe. Auf dem Tisch lag eine abgespeckte Projektfinanzierung. Die sah entgegen der ersten Fassung nur Zwickau als Ort der Endmontage vor, das Automobilwerk Eisenach sollte nur noch zuliefern. Zunächst hatten beide DDR-Werke verschiedene Typen selbst bauen sollen, Zwickau den Grundtyp und Eisenach Abwandlungen. Sieben Milliarden Mark hatte das kosten sollen, 4,5 Milliarden die letzte Variante. Es liegt auf der Hand, daß die Verantwortlichen und die Belegschaft des traditionsbewußten Eisenacher Werkes nicht damit einverstanden waren, als Zulieferer für Sachsenring zu fungieren. Auf allen Ebenen, von der Werkführung, Betriebsparteiorganisation und der Bezirksleitung Erfurt der SED, wurde in Berlin Einfluß genommen. Noch nicht geklärte Fragen des Projektes auf der Zulieferseite und aufkeimende Unzufriedenheit im Eisenacher Werk halfen dabei. Noch während die Nummer eins im Staat, Erich Honecker, am 3. April 1973 verkündete, daß die Vorlage von Willi Stoph, immerhin Vorsitzender des Ministerrats, „noch nicht entscheidungsreif" sei, versuchte Sachsenring-Direktor Herbert Ullmann das Projekt zu retten. Er fiel dem Generalsekretär und Staatsratsvorsitzenden ins Wort, ein Sakrileg „bei Hofe" im sozialistischen Staat. Die Verzweiflungstat hätte Ullmann beinahe seinen Job gekostet, wie sich Zeitzeugen rückblickend erinnern. Mit dem Verschieben des Projektes begann eine Absage auf Raten. Von der Idee, in beiden Ländern gemeinsam ein Auto zu produzieren, nahm man Abstand, später folgte eine von der DDR dann ebenfalls nicht eingehaltene Vereinbarung über die gegenseitige Lieferung an Aggregaten, vor allem eines Skoda-Motors in die DDR.

Das Aus des gemeinsamen Pkw-Projektes hinterließ eine frustrierte Entwicklungsabteilung in Zwickau und einen enttäuschten Verhandlungspartner auf der tschechoslowakischen Seite. Auch Skoda hatte dadurch viel Zeit verloren, entwickelte nun aus eigener Kraft den Nachfolger seiner antiquierten Heckmotorautos, war aber erst 1988 mit der Präsentation des Favorit so weit. Immerhin ebnete dieser aktuelle Fronttriebler der Kompaktwagenklasse zusammen mit den modernen Fertigungsanlagen dem Werk in Mlada Boleslav nach der politischen Wende auch in der CSSR Skoda eine glänzende Zukunft als eigenständige Marke innerhalb der Volkswagen-Gruppe.

Noch ein Gemeinschaftsauto

Noch im Juli desselben Jahres gab das Politbüro den beiden Personenwagenwerken tatsächlich eine neue Perspektive. Jetzt sollten Sachsenring und AWE ohne Verbund mit Skoda ein Gemeinschaftsauto entwickeln, wobei aus Zwickau die dreitürige Kombilimouisine und aus Eisenach eine viertürige Stufenheckausführung kommen sollten. Die Motoren sollte weiterhin Skoda liefern. Die Prototypen mit der Bezeichnung P 610 waren weit gediehen. Eine Vorlage von Sachsenring nennt die technischen Ziele: quer eingebauter, wasser-

Verworfene Alternative zum verwirklichten Trabant 1.1.

Weiterentwickelt aus dem „RGW-Auto“: P 610 in Kooperation mit Eisenach.

gekühlter Motor von Skoda, möglichst aus der in Entwicklung befindlichen Baureihe S 760 mit 1100 oder 1300 ccm und rund 45 PS, vorn McPherson-Federbeine und Schraubenfedern, hinten geführte Starrachse und Schraubenfedern, Zweikreisbremssystem, Drehstromlichtmaschine. Der Trabant-Nachfolger sollte 125 km/h schnell sein (statt 100 km/h beim Trabant) und statt in 48 Sekunden in 20 Sekunden von 0 auf 100 beschleunigen. Mit 730 Kilogramm sollter der Neue mit Ganzstahl-Karosserie um 115 Kilogramm schwerer sein als der Trabant bei gleicher Nutzmasse und kleinerem Kofferraum. Der Radstand sollte von 2020 Millimeter beim Trabant auf 2380 Millimeter wachsen. Das AWE hatte sich für den Wartburg-Nachfolger weitere Motor-Optionen offengehalten. Das Projekt entwickelte sich vielversprechend. Für Zwickau war eine Jahresproduktoin von 150.000 und für Eisenach von 80.000 Fahrzeugen vorgesehen.

Leider wiederholte sich das alte Spiel. Am 24. September 1974 dokumentierte das Politbüro, daß es wieder kalte Füsse bekommen hatte wegen zu hoher Kosten. Zunächst klang der Beschluß aber nicht schlecht für Sachsenring, denn er sah die Einstellung der Arbeiten am Wartburg und eine Konzentration auf den Trabant-Nachfolger vor. 1982 sollte demnach Typ P 610 C vom Band laufen. Das hieß aber auch, keine Mittel mehr für Eisenach, wieder eine Entscheidung, mit der sich der Automobilstandort in Thüringen nicht abfinden konnte. Die folgende Entscheidungsfindung wird nicht ohne Einflußnahme von dort abgegangen sein. Wie auch immer, zweimal verschoben und dann wieder vom Tisch, so erging es letztlich auch diesem Plan. Am 6. November 1979 war alles beim alten: Kein Nachfolger von Trabant und Wartburg, Weiterbau beider Typen über 1985 hinaus, so beschloß das Politbüro. Ende!

Trotz allem kann eine Entwicklungsabteilung nicht untätig sein. Es gab Anfang der achtziger Jahre noch ein paar Prototypen als Trabant-Weiterentwicklungen, nicht mehr als völlig neue Autos. Der erste Prototyp dieser Generation, äußerlich an das RGW-Auto erinnernd, aber mit den Maßen des Trabant, hatte einen neuen Zweizylinder-Zweitaktmotor mit elektronisch gesteuerter Benzineinspritzung statt Vergaser (19 kW/26 PS aus 600 ccm). Begonnen war aber bereits mit einem Viertaktmotor von 30 kW/40 PS aus einem Hubraum von 1050 ccm. 1982 kam dann eine neue Variante ins Spiel: AWE hatte auf Basis des Dreizylinder-Zweitaktmotor des Wartburg einen Viertakter entwickelt (60 PS aus 1191 ccm). Die Zustimmung aus Berlin blieb aus, der Beschluß, am alten festzuhalten, hatte Bestand.

Die Sachsenring-Entwickler stürzten sich noch einmal auf ein anderes Projekt, das erneut genau im Trend der Zeit lag: sie bauten einen Dieselmotor für einen Trabant-Nachfolger und zwar auf Basis eines Dreizylinders. Dazu hatten sie tatsächlich grünes Licht aus Berlin bekommen. Der Grund war die Annahme, auf Dauer Dieselkraftstoff billiger importieren zu können als Benzin. 1984 war der Dreizylinder-Dieselmotor fahrbereit, er lief in einem unscheinbaren 601 und brachte gute Testergebnisse.

VW tritt auf den Plan

Hier gilt es nun innezuhalten in der scheinbar unendlichen Geschichte der verhinderten Trabant-Nachfolger. Etwas hatte sich Anfang der achtziger Jahre doch gewandelt in der obersten politischen Etage der DDR. Das Politbüro, bis dahin uninteressiert an Einzelfragen aus dem Automobilbau und selbst sorgenfrei unterwegs mit Dienstwagen von Volvo und Citroën, hatte die politische Dimension des Autoproblems erkannt. Ein guter Teil der Unzufriedenheit der Bevölkerung in der DDR über die wirtschaftlichen Verhältnisse artikulierte sich am eklatanten Mangel von Personenwagen, an den unglaublichen Wartezeiten von bis zu 17 Jahren, an der technischen Rückständigkeit von Trabant und Wartburg und an der katastrophalen Ersatzteil- und Werkstattsituation, das alles in einem Industriestaat, der nach dem Bruttosozialprodukt auf einem respektablen 17. Platz (1986) in der Welt lag. Günter Mittag, im Politbüro verantwortlich für die gesamte Wirtschaft der DDR, ein Mann mit weithin gefürchtetem Durchsetzungsvermögen und in den Augen der Generaldirektoren und der Betriebsleitungen des Automobilbaus die treibende Kraft des seitherigen Anti-Autokurses, wollte nun eine Wende schaffen. Schon in den siebziger Jahren hatte es einen ersten Schritt gegeben mit der Vereinbarung mit Citroën über den Bau eines Gelenkwellenwerkes in Mosel nördlich von Zwickau, fertiggestellt 1981. Auch die Erlaubnis (und Bereitstellung der Mittel) zur Entwicklung des Dieselmotors war ein Anzeichen gewesen.

Als es nun aber konkret wurde, verließ sich Mittag nicht auf das Können der Entwicklungsabteilungen in Zwickau und Eisenach sowie im Forschungszentrum von Karl-Marx-Stadt, sondern schlug den Weg der Lizenznahme ein. Eine Fertigungsstraße für Motoren aus dem Volkswagenkonzern, die dort wegen Überkapazitäten nicht mehr gebraucht wurde, war das Kernstück des letzten Kapitels des DDR-Automobilbaus. Die Anlage wurde aus Hannover in das Barkas-Werk nach Karl-Marx- Stadt verpflanzt, die DDR bezahlte mit Rumpfmotoren, die Volkswagen bei sich ergänzte und verbaute. So weit nicht schlecht, gehörten doch zur Grundidee auch neue Karosserien für Trabant und Wartburg. Abgesehen davon, daß für letztere wiederum kein Geld da war, sie verschoben und durch den Lauf der Ereignisse dann nicht mehr verwirklicht wurden - im Zwickauer Museum steht das rundum überzeugende 1:5-Modell eines solchen alternativen Polo als Trabant-Nachfolger mit VW-Motor -, ging die Rechnung nicht auf. Die Motorenproduktion lief zwar an, Trabant und Wartburg erschienen mit den Viertaktern, das Ganze war aber erheblich teurer geworden als veranschlagt. Dr. Winfried Sonntag, einst Generaldirektor der Vereinigung Volkseigener Betriebe (VVB) im Automobilbau und langjähriger Leiter des Forschungs-und Entwicklungszentrums in Karl-Marx-Stadt (siehe auch Seite 139), wurde mit der Durchführung des Groß-

pojektes beauftragt (und sein Forschungszentrum deshalb aufgelöst!). Erst nach Vertragsunterzeichnung, so erinnerte er sich später, stellte sich heraus, daß nicht nur an Volkswagen (die vereinbarten) Lizenzgebühren zu zahlen waren, sondern auch an am Motor beteiligte Zulieferer. Der zweite Problemkreis: die Zulieferer in der DDR mußten vielfach erst in die Lage gebracht werden, ihren Teil in der erforderlichen Qualität beizutragen. Außerdem witterten sie ihre Chance und beantragten neue Anlagen über den Bedarf der Arbeiten für den neuen Motor hinaus. Gewaltige Investitionen waren nötig, statt der geplanten 3,6 Milliarden Mark verschlang das Projekt 9,7 Milliarden. Zwischendurch bekam die Partei schon wieder kalte Füsse und wollte die Aktion stoppen, die Verantwortlichen aus dem Automobilbau konnten die neue Motorenfertigung nur retten, indem sie eine Aufschiebung des ebenfalls geplanten VW-Dieselmotors vorschlugen. Trotz der ungünstigen Kostenentwicklung und der umfangreichen Änderungen besonders am Trabant (siehe 76) gewann Dr. Sonntag der Aktion doch eine gute Seite ab. Die beteiligte Zulieferindustrie in der DDR bekam einen Schub an Neuentwicklung durch diesen Motor in die Hand und konnte so Rückstände aufholen. Dennoch bleibt die Frage, warum nicht die geplanten und schon erprobten Motoren von AWE (Benziner) und Sachsenring (Diesel) zum Zuge kamen. Eine zentrale Rolle dürfte gespielt haben, daß die Einrichtung der Fertigung in Karl-Marx-Stadt außer dem vereinbarten Kaufpreis von 360 Millionen DM und den hinzugekommenen Lizenzgebühren für West-Zulieferer mit einem Teil der Produktion bezahlt wurde, während man für die Motoren aus den eigenen Betrieben alles hätte finanzieren müssen.

Der Standort Sachsen ist geblieben

Die Anpassung von Trabant und Wartburg an den Viertaktmotor war ein unwirtschaftlicher und technologisch zweifelhafter Versuch, Rückstand aufzuholen. In der neu gewonnenen Freiheit, sich aus einem großen Angebot das passende Auto auszusuchen, ließ die Stammkundschaft in der untergehenden DDR die Fahrzeuge aus „eigener" Produktion zunehmend unbeachtet. Letztlich aber hatte der Kraftakt zumindest für den Standort Zwickau und Chemnitz (nach der Revidierung der Umbenennung in Karl-Marx-Stadt) doch positive Folgen: das einstige Werk Mosel und das Motorenwerk in Chemnitz gehören heute zur Volkswagen AG und sichern zusammen mit dem ganz neuen Werk wertvolle Arbeitsplätze (siehe Seite 115). Tatsächlich setzen sie die Tradition des Automobilbaus in Sachsen fort. Man kann vermuten, daß sich der Volkswagen-Konzern ohne die beiden vorhandenen modernen Werke nicht in der Region engagiert hätte.

Fortschritt auf Zeit

Gerade die Einmaligkeit seiner Karosseriestruktur hat dem Trabant mehr oder weniger spöttisch gemeinte Spitznamen eingebracht, die die ingenieurtechnische Leistung dieser Erfindung nicht würdigen. „Pappe", in der DDR weit verbreitet, war ebenso witzig wie falsch und ein „Plastikauto", wie im Westen manchmal apostrophiert, ist der Trabant natürlich auch nie gewesen. Die Außenhaut des Trabant fällt eben aus dem Rahmen des Üblichen, das genügt schon, um lockere Sprüche anzuregen. Dabei ist die Konstruktion von einer herkömmlichen in Stahl gar nicht so verschieden. Die Funktion einer selbsttragenden Karosserie übernimmt hier allein das Stahlgerippe, das sonst übliche Tiefziehblech ersetzen nichttragende Formteile aus Duroplast, die einzeln hergestellt werden. Nach dem Karosserierohbau erfolgt wie bei anderen Autos auch die Lackierung des Wagens. Mit gelegentlich im Sportwagenbau verwendeten Karosserien aus glasfaserverstärkten Kunststoffen, die als zusammenhängende Form hergestellt werden, hat der Aufbau des Trabant allerdings nichts zu tun.

Rechts: Arbeiten am Vorderkotflügel, die Tür ist bereits beplankt.

Die Baumwollvliese kommen zur Harzaufnahme und werden weiter zur Legeeinrichtung gebracht.

Ein Universal wartet auf weitere Beplankung (Demonstration im Werksmuseum).

Völlig neu war den Ingenieuren aus Zwickau die Idee, ein Gerippe zu beplanken, natürlich nicht. Abgesehen davon, daß es bei der Auto Union in den Jahren vor dem Zweiten Weltkrieg Versuche mit einem dem Duroplast ähnlichen Kunststoffmaterial gegeben hatte, bestanden ja schließlich der DKW „Meisterklasse“ und spätere IFA F8 aus einer mit Kunstleder bespannten Holzkarosserie.

Duroplast, das steht für Trabant, mehr noch als sein Zweitaktmotor. Und die Verwendung des ganz speziellen Werkstoffes ist deshalb so typisch für die Geschichte dieses Auto, weil sich darin bei näherer Betrachtung vielschichtige Informationen verbergen. Da ist einmal die Geschichte der beiden deutschen Staaten in der Nachkriegszeit, ihr Eingebundensein in den Kalten Krieg, der Wettlauf um das bessere Gesellschafts- und Wirtschaftssystem. Weil die DDR in den frühen fünfziger Jahren über keine eigene Stahlproduktion verfügte und die Stahlproduzenten in den westlichen Staaten, vor allem in der Bundesrepublik, keinen Walzstahl für die Karosseriebleche liefern wollten oder durften, brauchte die Autoindustrie der DDR einen Ersatzstoff. Die chemische Industrie mit ihren Schwerpunkten in Bitterfeld und Buna (ehemals IG Farben) stand zur Verfügung.

Vordere Kotflügel kurz nach dem „Backen".

Die zugeschnittenen Vliese werden manuell in die Pressen eingelegt und als fertige Teile herausgenommen.

In dreifacher Hinsicht ist die Duroplast-Beplankung der Karosserie bemerkenswert:

- Daß Spezialisten bei Audi und Horch diesen Stoff relativ schnell herausfanden und später zur Verwendung in der Serie weiterentwickelten, spricht für ihre Fähigkeiten. Sie hatten eine Pionierleistung vollbracht, von der damals noch niemand wußte, ob sie den Automobilbau revolutionieren würde. Sie tat es nicht, weil es später keine Stahlknappheit mehr gab und weil Nachteile des Stahles, vor allem die Neigung zu Korrision, beherrscht wurden.

- Daß das Werk die völlig neuartigen Maschinen selbst herstellen mußte, beschreibt die kuriose Situation in den frühen fünfziger Jahren, als der sehr leistungsfähige Werkzeugbau in der DDR ausschließlich exportieren mußte, um entweder Reparationslieferungen an die Sowjet-Union oder Devisengeschäfte mit dem Westen zu leisten. Die eigene Industrie ging leer aus und mußte sich selber helfen.

- Daß der Trabant bis zum Schluß in Duroplast kam und etwa ab 1969 in, gemesssen am technologischen Aufwand, unrentablen Stückzahlen gebaut wurde, ist wiederum ein Beleg für die starre Wirtschaftslenkung im Sozialismus. Neben dem Zweitaktmotor hat die für das Empfinden der achtziger und neunziger Jahre mehr als eigentümliche und sonst nirgends angewendete Bauweise die zunehmende technische Rückständigkeit des Trabant dokumentiert.

Weltweite Aufmerksamkeit

Gesucht wurde seinerzeit ein Material, das in der DDR zu beschaffen war, das sich gut bearbeiten ließ und das keine allzu großen Investitionen in neue Maschinen nötig machte. Außerdem sollte der Stoff leicht sein, über hohe Elastizität verfügen, als Korrossionsschutz dienen und geräuschdämmend wirken. Das sind hohe Anforderungen an einen einzigen, neu zu entwickelnden Stoff. Es gelang, und es ist auch kein Wunder, daß mehrere in- und ausländische Patente im Zusammenhang mit dem Duroplast eingetragen werden konnten. Die Erfindung fand seinerzeit in aller Welt große Beachtung, niemand war sich sicher, ob man Ähnliches bald nicht selbst brauchen würde. Im Oktober 1953 war man so weit. Vorher hatten Versuche mit anderen Zusammensetzungen zu Fehlschlägen geführt. Motorhauben für den IFA F8 oder Türen für den Lastwagen H 3A waren möglich geworden, nicht aber eine sinnvolle Karosseriefertigung. Was aber nun auf den Beinen stand, die Duroplastfertigung für den Trabant, wurde ausprobiert zunächst am P 70. Baumwolle hatte sich als der geeignete Grundstoff erwiesen.

Und so funktioniert die Duroplast-Herstellung. Fünf Schichten von Baumwollfasern werden in einer Krempelmaschine jeweils zu einem fellartigen Stoff, einem Vlies, verarbeitet. Jede Schicht wird in der zweiten Station der Herstellung mit Phenolharzteilchen bestreut. Die Legeanlage, die dritte Station, legt die verschiedenen Schichten übereinander. Anschließend wird das so entstandene Vormaterial - es besteht aus 46 Prozent Baumwollfasern, 52 Prozent Phenolharz und zwei Prozent Trennmaterialien - unter einer Druckwalze durchgeführt und in Längs- und Querrichtung in passende Stücke geschnitten. Die Vliesstraße - im Werk existierten vier - war bei der Entwicklung und bei der Weiterentwicklung während schon laufender Produktion der große Schritt zur Rationalisierung.

Der Preßvorgang wird eingeleitet durch das manuelle Einlegen des geschnittenen Vormaterials. Das obere Gesenk der Oberdruckpressen besteht aus Hartgummi, das untere aus Stahl. Beide werden mit 240 Grad Celsius heißem Wasser beheizt. Die Heizzeit beträgt sechs Minuten, zusammen mit der Abkühlung datiert der Preßvorgang zehn Minuten. Temperatur und Druck (400 Tonnen) verbinden dabei Baumwolle und Phenolharz zum gewünschten Material, das in seine endgültige Form gepreßt wird. Zehn Außenteile weist die Beplankung der Trabant-Limousine 601 auf: Kühlerattrappe, Vorderkotflügel, Motorhaube, Türen, Dach, Hinterkotflügel und Kofferraumklappe. Um Duroplastteile zu verbinden, fand man, nachdem zunächst mechanische Halterungen benutzt worden waren, geeignete Klebstoffe aus DDR-Produktion. Über die Vliesstraßen liefen im Jahr bis zu 5000 Tonnen Vormaterial, aus den Pressen kamen maximal 1,5 Millionen Kunstoffaußenhautteile. Allerdings existierten anfangs nicht für alle Teile geeignete Pressen. So hatte zum Beispiel der Kombi des P 60 ein Dach aus Stahl.

Der Engpaß der Produktion

Die lange Aufheiz- und Abkühlungsphase von zehn Minuten stellte einen gravierenden Nachteil dar. Die Stückzahlen sind bei dieser Fertigungsmethode durch Zeit oder Zahl der Pressen begrenzt. Obwohl der VEB Sachsenring 71 Pressen für die Karosseriebeplankung aufgestellt hatte, blieb die Aufheiz- und Abkühlungsphase der Engpaß der Produktion. Dazu gewann das Problem der Wirtschaftlichkeit immer mehr an Bedeutung, als nämlich Stahl grundsätzlich aus landeseigener Herstellung verfügbar gewesen wäre, eine Umstellung auf Tiefziehblech dennoch nicht erfolgte. Wissenschaftler hatten errechnet, daß bis zu einer Stückzahl von 80.000 Fahrzeugen im Jahr die Duroplast-Produktion wirtschaftlicher war als die Stahlproduktion. Schon im Jahre 1969 hatte die Produktion des Trabant die Marke von 80.000 Autos überschritten, was grundsätzlich erfreulich war, in der Frage der Wirtschaftlichkeit der Duroplastherstellung aber eine Wende zum Negativen bedeutete. Rund 150.000 waren es am Schluß. Die Bedeutung der Stückzahlen ist sicher auch ein Grund, warum sich Duroplast auf dem Weltmarkt nicht durchsetzte.

Duroplast hatte aber die erhofften und gewünschten Eigenschaften. Wie Wolfgang Barthel, von 1951 bis 1986 Leiter der Entwicklungsstelle Preßstoffe Forschungszentrum WTZ Automobilbau, sich später erinnerte, ergaben ausführliche Testfahrten im extremen Klimalagen von Ägypten und China sowie am Mittelmeer und am nördlichen Polarkreis eine sehr hohe Strapazierfähigkeit, die sich bis heute in der unbestrittenen Haltbarkeit auch bei sehr alten Exemplaren des Trabant niederschlägt. Die Fertigmasse aller Kunststoffteile ist niedrig, sie wiegen nicht mehr als 32 Kilogramm bei der Limousine 601 und 32,4 Kilogramm beim Universal.

Mit zu entwickeln hatte man auch die Reparaturmöglichkeit kleinerer Schäden. Kratzer und Schrammen an der Oberfläche werden mit speziellem Kleber zugeklebt, wobei zuvor die Oberfläche aufgerauht und anschließend mit Schleifpapier glattgeschliffen werden muß. Risse und Sprünge, auch nach dem Einfügen abgebrochener Stücke, lassen sich ebenfalls mit Klebstoff beheben, wobei unter der schadhaften Stelle von innen ein Stück Blech angebracht werden sollte. Das sind Eigenschaften, die die Trabant-Fahrer an ihrer „Pappe" immer sehr schätzten. Und daß sie bei der schlechten Ersatzteillage und bei der Rostanfälligkeit der anderen Personenwagen bis in die siebziger Jahre hinein wenigstens an den äußeren Karosserieteilen vom Rostfraß verschont blieben, darf ebenfalls nicht unbeachtet bleiben.

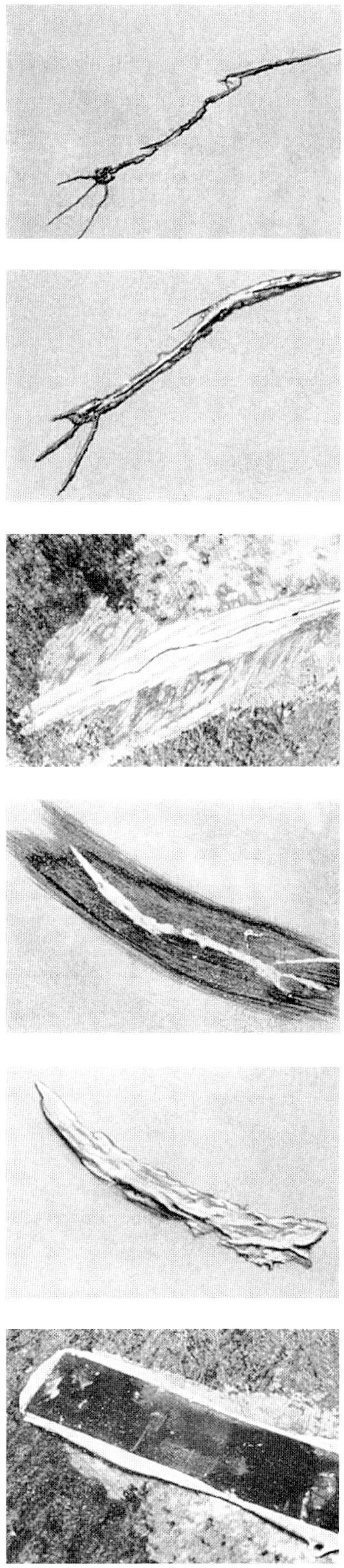

Der Schaden und die Reparatur

Sicherheit und Umwelt

Es war schon kein Sturm mehr, der da durch den frisch vereinten, gesamtdeutschen Blätterwald pfiff, sondern es tobte bereits ein ausgewachsener Orkan: der Trabant als Todesfalle für seine Insassen gebrandmarkt, verbunden mit dem Ruf nach einem Fahrverbot für alle Trabis! Was war geschehen? Professor Dr. Max Danner, durchaus renommierter Unfallforscher und Leiter des Zentrums für Technik der Allianz-Versicherung in München, hatte im Sommer 1990 einen Crash-Test mit einem Trabant durchgeführt und war zu vernichtenden Ergebnissen gekommen. Es entspann sich über mehrere Monate eine heiße, emotional aufgeladene Diskussion, weder die Verantwortlichen im Werk noch Trabant-Eigner wollten den schweren Vorwurf auf ihrem Fahrzeug sitzen lassen.

Ein Fehler war dem Unfallforscher auf den ersten Blick nachzuweisen. Er hatte einen P 50 für seinen Test verwendet, ein Fahrzeug also, daß zu diesem Zeitpunkt mindestens 28 Jahre alt war, eindeutig ein Oldtimer. Und das, obwohl Crash-Tests aus Vergleichsgründen immer nur mit Neuwagen

Diese Bild sorgte für Furore in den Medien: Ein alter P 50 im Crash-Test.

durchgeführt werden. Vermutlich stammte der Wagen von Übersiedlern in die alte Bundesrepublik, es wird sich also nicht um ein frisch aufgebautes, sondern vielmehr um ein extrem verbrauchtes Fahrzeug gehandelt haben. Der heftig attackierte Professor sah diesen Mißgriff ein und wiederholte den Test mit einem relativ neuen 601. Allerdings wählte er eine andere Testart. Jetzt handelte es sich um den Off-Set-Crash mit um 40 Prozent versetztem Aufprall, beim ersten Mal war der Trabant von einem anderen Fahrzeug bei völliger Überdeckung auf die Barriere geschoben worden.

Im neuen Test ermittelte Danner wiederum sehr negative Ergebnisse. Verformung der Bodengruppe nach oben, dadurch hohe Verletzungsgefahr für Beine und Füsse und die weit nach oben geschobene Lenksäule - hohes Verletzungsrisiko für den Kopf - waren die Hauptaspekte der Kritik. Dazu monierte Danner den Tank im Motorraum, der, beim Test aus der Halterung gerissen und stark beschädigt, für Brandgefahr sorgen könne.

Auch andere haben damals getestet, so der TÜV und die Dekra. Sie kamen zum Teil zu ähnlichen

Besser als sein Ruf, aber nicht unproblematisch steht der Trabant bei der Umweltbelastung da.

Zweiter Versuch mit einem Exemplar des P 601.

Ergebnissen, aber nicht zu den selben Schlußfolgerungen. Danner hatte nicht nur ein Fahrverbot für Trabis gefordert, sondern wollte am liebsten auch den „Trabi Fan-Clubs im Westen das Handwerk legen", wie er in einem Interview mit „Das Auto/Der deutsche Straßenverkehr" betonte. Spät, sehr spät hätte es zu einer Aussprache zwischen Danner einerseits und ehemals Verantwortlichen aus dem Werk sowie Vertretern der Clubszene andererseits kommen sollen. Den schon vereinbarten Termin im Sommer 1997 hatte Danner wegen einer plötzlichen Erkrankung absagen müssen, einen Tag nach dem ursprünglich in Zwickau vorgesehenen Treffen verstarb er.

Der passende Vergleich

Das Thema wird bis heute kontrovers diskutiert. Ernsthaft auseinandersetzen kann sich damit nur, wer einen passenden Vergleich anstellt. Passend heißt, Kleinwagen aus der Produktionszeit des Trabant, möglichst des 601. Selbst ein Volkswagen Polo oder Opel Corsa, die oft und gern als Vergleich bemüht wurden, zählen eher zu den Kompaktwagen als zu den Kleinwagen. Kleinwagen aus den letzten Jahren des Trabant 601 sind der Fiat 126, der Fiat Panda, der englische Mini oder der Renault 4. Zu deren aktueller Zeit interessierten sich die Medien nicht für Crash-Tests.

Im übrigen ist es eigentlich kaum verwunderlich, wenn eine mehr als 30 Jahre alte Konstruktion aktuellen Ansprüchen nicht mehr standhält. Daß der Trabant beim Aufprall die betroffenen Plastikteile verliert, ist unerheblich. Gewicht hat dagegen die Erkenntnis, daß das stabile Stahlgerippe wenig Verformung zuläßt und dadurch viel Aufprallenergie in die Fahrgastzelle gerät. Diese Erkenntnis aus der legendären Unfallforschung von Bé la Barényi bei Daimler-Benz ist in der gesamten Autoindustrie sehr spät in die Serie umgesetzt worden, sieht man von Vorreiter Mercedes ab. Erst in den siebziger Jahren erschienen in der Mittelklasse Autos, die darauf konsequent Rücksicht nahmen, Fortschritte hatte es dabei in der Regel nur in den Klassen über dem Trabant gegeben. Kleinwagen fehlt es eben einfach an Raum. Der VEB Sachsenring befand sich mit seiner Sicherheitsnorm, die ja stets auch die ECE-Richtlinien erfüllte, insofern also in „guter" Gesellschaft.

Folgen der starren Fahrgastzelle

In einigen Punkten machte der Trabant bei den Tests um 1990 sogar eine relativ gute Figur, so beim Wert der horizontalen Eindringung der Lenksäule in die Fahrgastzelle. Hoch war der Wert dagegen bei der vertikalen Eindringung. Zitat aus der Zeitschrift KFT, die den zweiten Crashversuch von Professor Danner begleitet hatte: „Bereits nach 40 ms haben Lenksäule und Lenkrad ihre Position verlassen. Eine deutliche Aufstellbewegung der Lenkungsteile um rund 250 Millimeter nach oben in den Innenraum führt zum harten Kopfaufprall des Fahrers auf das Lenkrad. Die PUR-Umschäumung nimmt nahezu keine Energie auf. Es wurden Kopfbeschleunigungen von weit über 100 g gemessen. Der exakte Wert läßt sich nicht ermitteln, weil damit der Meßbereich des Gebers bereits überschritten ist. Für eine Überlebenschance sind im Kopfbereich Werte von 80 g schon als sehr bedenklich einzustufen......" Dank der starren Fahrgastzelle lassen sich die Türen nach dem Aufprall zwar gut öffnen, der Abbau der Stoßenergie war aber zu niedrig gewesen. So zeigt eines der Testergebnisse aus dem zitierten Versuch, daß die Gesamtverformung des Trabant der des Volkswagen Polo von 1979 entspricht, dieser aber weit mehr Bewegungsenergie in Verformungsarbeit umwandelte als der Trabant. Bedenklich auf den ersten Blick für ein bis 1990 produziertes Auto schien der vorn eingebaute Tank. Das Werk war sich der Gefahr bewußt und hat gerade unter diesem Aspekt gründlich getestet mit dem Ergebnis, daß alle jeweils aktuellen Vorschriften eingehalten wurden. Die ab 1984 eingebaute Kraftstoff-Momentan-Ver-

Die umstrittene Plazierung der Kraftstoff-Momentan-Verbrauchsanzeige.

Auch in Abgasfragen mußte sich der Trabi strenge Prüfungen gefallen lassen.

brauchsanzeige (KMVA) in Form eines Gebers direkt hinter der Frontschürze und der dazugehörenden Benzinschläuche ohne Schlauchklemmen hatte die Lage in diesem Punkt allerdings verschärft. Kurioserweise hatten Sachsenring und das Automobilwerk Eisenach mit den KMVA einem Beschluß des Politbüros folgen müssen. Man versprach sich davon generelle Kraftstoffeinsparungen.

Ein Fazit aus heutiger Sicht: Der Trabant ist ein Oldtimer, nur als solchen sollte man ihn jetzt noch betrachten. Er kann nicht die aktuellen Sicherheitsvorgaben der neunziger Jahre erfüllen, zumal inzwischen das Thema der passiven Sicherheit im Gegensatz zu früher überall ein zentraler Teil der Entwicklung geworden ist. Im Vergleich zu seinen „Zeitgenossen" ist der Trabant vermutlich nicht unsicherer als ein Fiat 600, NSU Prinz 4 oder ein Renault 4, vielleicht in dem einen oder anderen Punkt sogar sicherer. Beweisen läßt sich das freilich nicht, denn Crash-Tests mit diesen Autos in neuwertigem Zustand wurden zwar gemacht, die Ergebnisse schlummern aber in den Werksarchiven. In Zwickau gab es eine spezielle Abteilung des Fahrversuches. Sie hat übrigens eng mit dem Prager Institut UVMV zusammengearbeitet. Weiterentwicklungen an Trabant und Wartburg sind dort Crashtests unterzogen worden, zum Beispiel, um die Einflüsse des quer eingebauten Viertaktmotors zu überprüfen.

Daß die Konzeption des Trabant spätestens in den siebziger Jahren den Anschluß an den technischen Standard verloren hatte, zeigt auf diesem Gebiet eher der Vergleich mit größeren Fahrzeugen, etwa in der Kompaktwagenklasse. Die modernen Kleinwagen der Nach-Trabant-Ära sind schon aufgrund ihrer geringen Größe immer noch ein Kompromiß.

Ein echtes Medien-Märchen sind übrigens die angebliche leichte Brennbarkeit der Duroplast-Beplankung und die angeblich umweltbelastende Entsorgung des Werkstoffes Duroplast. Die Entzündungstemperatur von Duroplast entspricht der von Aluminium und liegt höher als der entsprechende Wert von Teilen der Innenausstattung, wie sie andere Autos auch haben. Und die brennt bekanntlich zuerst. Belege für giftige Substanzen in Duroplast fanden sich nirgends trotz gelegentlich gegenteiliger Behauptungen.

Die Abgase

Es ist ein weit verbreiteter Irrtum, von klarem Wasser sicher anzunehmen, daß es auch sauber sei. Gifte können unsichtbar sein und/oder geruchsfrei. Oder sie können sich wie die Abgase von Zweitaktmotoren für Auge und Nase bemerkbar machen. Was einem in die Nase sticht oder die Sicht vernebelt, stört eben, so sind die Zweitaktabgase in Verruf geraten. Die blaue Fahne war ei-

SUPER Trabi
Das ultimative Magazin für Trabi-Fahrer und Trabi-Freunde
Seit Juni 1995 der Szene-Renner...
Kommt viermal pro Jahr + Sonderausgabe
Internationales Trabantfahrer-Treffen in Zwickau
Jahres-Abo Preis:
Nur 35 DM
(einschließlich Porto/Versand)
Neugierig geworden?
Fordern Sie den
Bestellschein an!
Abo-Hotline
03771-25 10 26
NEU
„Super-Trabi" 1 bis 12
+ Sonderausgabe 1. Zwickauer Trabi-Treff
im ersten Sammelband zum Preis von 128 DM.
Nur schriftliche Bestellungen an:
Verlag BERGstraße, Wettinerstraße 54, 08280 Aue.

ner der Todesstöße für die im Prinzip sehr bewährten DKW in der alten Bundesrepublik. Und als Trabant und Wartburg im Zuge der Fluchtwelle von DDR-Bürgern im Herbst 1989 sehr zahlreich in der Bundesrepublik auftauchten, dauerte es nicht lange, bis sich eine Debatte um die Umweltverträglichkeit der Zweitakter entspann. Wie sah die Lage damals aus?

In der Bundesrepublik waren fast alle Neuwagen mit Katalysator ausgerüstet. Nur wenige Firmen hatten noch Fahrzeuge im Programm, die es nur auf Wunsch mit Kat oder überhaupt ohne gab. Das waren allerdings exakt die Konkurrenten des Trabant. Der britische Mini, der japanische Daihatsu Coure, der da schon ausschließlich aus jugoslawischer Produktion stammende Renault 4 und sogar einzelne Modelle aus der Baureihe des Ford Fiesta hatten noch keinen Katalysator, Seat Marbella oder Fiat Panda bekamen ihn auf Wunsch eingebaut. Also stand ein Trabant 601 mit Zweitaktmotor und ohne Kat gar nicht so exotisch da, wie es viele Medien glauben machen wollten.

Was kaum wahrgenommen wurde: Von den drei gravierenden Giften aus Verbrennungsmotoren weist der Zweitaktmotor in der Bauart des Trabant in zwei Fällen wesentlich günstigere Werte auf als ein Viertakter (mit Katalysator), nur im dritten wesentlich ungünstigere. Besser schneidet der Zweitakter bei den Stickoxiden (NOx) ab, verantwortlich für das bodennahe Ozon, also den Sommersmog, der zu Ozonalarm führen kann. Nur ein Zehntel der Viertaktwerte entströmen dem Zweitaktauspuff, ganz ohne Kat, nur aufgrund der Arbeitsweise bei geringer Verdichtung. Dann das Kohlenmonoxid (CO), ein Atemgift, das zu erheblichen Belastungen des menschlichen Körpers führen kann: Hier bringt der Zweitakter, gemessen im Leerlauf, nur die Hälfte des Viertakt-Vergleichswertes auf die Straße. Beim Giftausstoß kommt es aber auf den tatsächlichen Verbrauch an. Der Trabant 601 konsumiert mit rund sieben Litern auf 100 Kilometern zwar viel für einen Kleinwagen, aber keinesfalls mehr als größere Autos mit Viertaktmotor. Das systembedingte Dilemma des Zweitaktmotors ist der Ausstoß an unverbrannten Kohlenwasserstoffen. 30mal mehr als der Viertakter bringt er zuwege, hier ist die Bilanz wirklich schlecht. Es liegt daran, daß ein Teil des Frischgemisches über die Schlitze verloren geht. Das Schmieröl findet sich unverbraucht im Auspuff wieder und sorgt dort für die typische blaue Zweitaktfahne. Vielfache Bemühungen galten dem Ziel, den Ölanteil im Zweitaktkraftstoff zu minimieren, im Versuch liefen die Motoren mit einem Mischungsverhältnis von 1:100. Die permanent anfallenden Ölreste sind auch eine Erklärung für die Probleme mit Nachrüst-Katalysatoren für Zweitakter, obwohl sich manche davon bewährten, allerdings nur in Form von ungeregelten. Unverbrannte Kohlenwasserstoffe (HC) sind verantwortlich für Schleimhautreizungen und können Krebs erregen. Zweitaktmotoren auf dem technischen Stand des Trabant waren deshalb schon lange nicht mehr aktuell und sind dann ja auch von Sachsenring noch abgelöst worden (wäre es nach dem Werk gegangen, hätte diese Ablösung ohnehin viel eher stattgefunden).

Um die Abgase entspann sich in den frühen neunziger Jahren eine ähnliche Diskussion wie um die passive Sicherheit. Vor dem Hintergrund der Smogverordnung von 1995 mit der vagen (in der Praxis unwirksamen) Möglichkeit eines Fahrverbotes für Autos ohne Katalysator bei Smogalarm führen die Verteidiger des Trabant zu recht ins Feld, daß ausgerechnet das für die Smogbildung veranwortliche Gift im Zweitaktmotor ganz wenig vorkommt. Konsequenterweise müßten Zweitakter sogar ausgenommen werden vom Fahrverbot. Völlig unsinnig waren gelegentlich von den Medien zelebrierte Forderungen nach einem „Trabant-Verbot aus Umweltgründen".

Es gilt vielmehr dasselbe wie für die Sicherheitsdiskussion: Mitte der neunziger Jahre ist der Trabant längst ein Oldtimer, gleichzusetzen mit DKW und Goggomobil, mit einem Mercedes 170 ohne Kat und welchem Auto auch immer. Daß im Jahre 1997 noch 407.252 Trabant in Deutschland liefen, die meisten davon Zweitakter, sollte als Folge der besonderen geschichtlichen Entwicklung akzeptiert werden.

Das Werk

Rohkarosserie im Tauchbad, die Phosphatieranlage hat sie bereits hinter sich.

Strenggenommen ist der Trabant ein Kind des ehemaligen Audiwerkes. Hier wurde der Vorläufer P 70 produziert und auch die Nullserie von 50 Stück des P 50 kam aus dem VEB Automobilwerk Zwickau (AWZ), wie sich das frühere Audiwerk seit 1955 nannte. Der Nachbar hieß zu diesem Zeitpunkt VEB Sachsenring Kraftfahrzeug- und Motorenwerk und war der Nachfolgebetrieb des Horchwerkes. Bis zum Fusionstermin 1. Mai 1958 hatte der unter verschiedenen Namen firmierende Betrieb die Lkw-Produktion der DDR in Gang und auf respektable Stückzahlen gebracht und außerdem den Sechszylinder-Pkw P 240 in kleinem Rahmen produziert. Aus dem Horch-Erbe stammt also der zugkräftige Name „Sachsenring“, den seit 1958 der VEB Sachsenring Automobilwerke Zwickau als neuer Großbetrieb für die Trabant-Produktion führte. Das

Stationen der Entstehung: Das Blechgerippe eines P 60 wird aufs Band gehoben.

Übergabestelle zur Preßstoffbeplankung, hier eine Rohkarosserie des Kombi.

Sachsenring-„S" zierte vorher bereits den Lastwagen S 4000 und am Schluß den P 240. Der unrentabel produzierte Repräsentationswagen P 240 blieb nur noch bis 1959 im Programm, die Lkw-Produktion wurde ausgelagert. Weichen mußten dem Trabant auch Bereiche der Ersatzteilproduktion. Auf der Audi-Seite war der F9 nach Eisenach verlegt worden. Trotzdem boten beide Werke zusammen nicht genug Platz. Noch in der Projektphase des P 50 hatte das AWZ für eine Betriebserweiterung gesorgt und eine angrenzende, stillgelegte Kammgarnspinnerei erworben (die Textilindustrie war für Jahrzehnte neben dem Bergbau und natürlich der Automobilindustrie ein wichtiges wirtschaftliches Standbein der Region Zwickau). In dem neuen Betriebsteil wurden Kunststoffmontage, Lackiererei und Karosseriefertigmacherei eingerichtet. In vier Werksteilen nahm der neue Betrieb seine Arbeit auf. Die beiden ehemaligen Werke Horch (Gerippefertigung und Getriebebau) und Audi (Fahrwerkbau und Fahrzeugmontage), jenes neue Kunststoff- und Karosseriewerk und die Entwicklungsabteilung als Werk IV bildeten den neuen VEB Sachsenring.

Zum 1. Mai 1958 wurde der Zusammenschluß der beiden Werke feierlich besiegelt. So euphorisch, wie sich die Werktätigen bei der offiziellen Mai-Demonstration gerade zu diesem Thema geben mußten, waren sie aber keineswegs. Die Fusion war im Vorfeld heftig diskutiert worden, wie sogar parteieigene Veröffentlichungen rückblickend bestätigen. Vor allem Führungskräfte fürchteten um die eigenständige Arbeit als Horch- oder Audimitarbeiter, der Stolz der langjährigen Belegschaft auf die jeweilige Werkstradition spielte natürlich ebenfalls eine Rolle. Wie nicht anders zu erwarten, konnte jedoch kein Widerstand den Zusammenschluß aufhalten.

AUTOS AUS ZWICKAU NACH 1945

Gemessen an den extremen Zeitumständen in den ersten Monaten nach Kriegsende ging es erstaunlich schnell, bis das erste in Zwickau gebaute Nachkriegsfahrzeug fertig war, nämlich schon 1947. Nach einer Phase weitgehender Demontage hatte die sowjetische Besatzungsmacht am 1. Juli 1946 per Befehl bei Audi und Horch Reparaturabteilungen eingerichtet. Beide Werke waren zu diesem Zeitpunkt bereits enteignet und in der Sächsischen Aufbauwerke GmbH zusammengefaßt. Ab Juli 1948 gehörten beide Werke dem neuen Industrieverband Fahrzeugbau an (IFA).

Nutzfahrzeuge aus dem Hause Horch (1947 - 1959)

Schon 1947 begann bei Horch der Zusammenbau des Lastwagens H3, ein Kurzhauber mit einer Nutzlast von drei Tonnen, angetrieben von im Werk verbliebenen Maybach-Benzinmotoren, die 100 PS aus 4,2-Litern Hubraum leisteten. Ursprünglich waren sie noch während des Krieges zum Einbau in Militärfahrzeuge vorgesehen. Die Vorräte reichten für 853 Stück, der letzte verließ 1949 das Werk. Im selben Jahr legte es sein zweites Nutzfahrzeug auf, den Ackerschlepper Pionier. Nach 2605 Zwickauer Traktoren wurde die Produktion im Januar 1951 nach Nordhausen verlagert. Man brauchte Platz für den Nachfolger des H 3, den H 3A. Der robuste, jetzt mit Diesel laufende Lkw war eine echte Neuentwicklung. Er bot 3,5 Tonnen Nutzlast, die Maschine leistete 80 PS. Mit ihm schaffte das Werk die ersten Exporterfolge, es baute eine komplette Modellfamilie einschließlich Busfahrgestell und Zugmaschine auf. Bis 1958 liefen 31.361 Stück vom Band. 1958, schon unter dem Firmenzeichen des aus der Fusion der ehemaligen Audi- und Horchbe-

Aufbauhelfer: Die IFA F 8 aus dem früheren Audiwerk leisteten in den ersten Jahren der DDR wertvolle Dienste.

Der „Große" aus Zwickau, hier noch mit dem berühmten „H" für Horch auf dem Kühler.

Eine absolute Rarität blieb der Kombi des P 240.

triebe entstandenen VEB Fahrzeugwerke Sachsenring, entstanden noch 2075 Stück das weiterentwickelten S 4000 und bis 1959 weitere 3192 Lkw des Typs S 4000-1. Dann wurde zugunsten des Trabant die Lastwagenproduktion nach Werdau und später nach Ludwigsfelde verlegt.

Das Erbe von DKW (1949 - 1953)

Nichts liegt näher in schwierigen Zeiten, als so weiterzumachen wie man aufgehört hatte. Dennoch dauerte es bis 1949, daß der IFA F8, der ehemalige DKW Meisterklasse, in Zwickau wieder aufgelegt werden konnte. Der beliebte und robuste Wagen im klassischen Erscheinungsbild hatte eine mit Kunstleder bespannte Holzkarosserie, eine Ausnahme bildete das stilistisch abgewandelte Luxus-Kabriolet in Stahl. Der Zweizylinder aus den dreißiger Jahren leistet 20 PS aus knapp 700 ccm und fand im Nachfolgetyp P 70 noch einmal Verwendung (siehe Seite 37). Das ehemalige Audi-Werk baute bis 1955 insgesamt 26.254 Autos vom F 8.

Noch ein zweiter DKW sollte am Standort Zwickau zu Ehren kommen, allerdings nur in kleiner Stückzahl. Der F9, jener noch vor dem Krieg als Volkswagen-Konkurrent vorgestellte moderne Dreizylinder-Zweitakter (900 ccm, 28 PS) in attraktivem, der Stromlinie abgeschauten Design, wanderte später ins thüringische Eisenach. Nur 1625 Wagen vom F 9 entstanden in Zwickau, immerhin war es der erste von beiden Werken gemeinsam gebaute Wagen. Allerdings galt es noch viele Probleme zu bewältigen, denn für diese bescheidene Stückzahl benötigte man gut drei Jahre. In Eisenach kamen dann noch einmal 38.782 Stück bis 1956 hinzu. Nachfolger des F 9 wurde der berühmte Wartburg 311/312.

Der Nachkriegs-Horch (1956 - 1959)

Etwas eigenartig ist die Existenz dieses Autos schon. Zur Massenmotorisierung der DDR konnte der letzte große Horch und spätere Sachsenring P 240 bestimmt nicht beitragen, rationell war die Fertigung natürlich auch nicht und im Export spielte er keine Rolle. Es blieb nur die Verwendung als Dienstwagen für die politische Prominenz. Der Sechszylindermotor mit 80 PS aus 2400 ccm war eine Eigenkonstruktion des Horchwerkes, wo man offenbar gerne noch einmal an die Tradition der großen Horch von früher anknüpfen wollte. Das Design entsprach dem Stil der Zeit. Von 1956 bis 1959 enstanden exakt 1382 Exemplare, darunter ein paar imposante Kombis für das DDR-Fernsehen, einige wenige Cabriolets für politische Paraden und zwei Sonderanfertigungen namens Repräsentant für Militärparaden, letztere in eigenständigem Design und mit beplankter Kunststoffkarosserie. ●

Qualitätsarbeit aus dem Hause Horch: Der S 4000 bewährte sich über Jahrzehnte.

Zwickauer Familie: P 50 mit dem Übergangsmodell P 70, dem Auslaufmodell P 240 und den Lkw.

Lange Zeit technologischer Stillstand

Die 1730 im ersten Produktionsjahr 1958 gebauten P 50 stellten also den Auftakt der langen Reihe von Trabanten dar, 3 Jahre später blieb die „Uhr" bei exakt 3.051.385 stehen. Über Jahrzehnte hatte das Werk mit den technologischen und räumlichen Gegebenheiten der Gründerjahre auskommen müssen, erst ab Mitte der 80er erleichterten Schweißroboter sowie automatische Einrichtungen in der zu dieser Zeit - auch mit Hilfe westlicher Technik - völlig erneuerten Lackieranlage die Arbeit. Mit Blick auf den Trabant 1.1 war noch 1989 im Zwickauer Stadtteil Mosel neben dem Mitte 1981 eingeweihten, ebenfalls zu Sachsenring gehörenden Gelenkwellenwerk eine weitere Produktionsstätte gebaut worden. Seinerzeit hatte sich der Staat entschlossen, nun doch in die Automobilindustrie zu investieren. Zu spät, wie die weitere Entwicklung gezeigt hat. Es entstand aber immerhin eine automatische Lackierstraße und die Endmontage für den Viertakt-Trabant. Für ein paar Monate wurde der 1.1 tatsächlich in Mosel montiert, dann bildete dieses Werk den Grundstock für die ganz neue Produktionsstätte von Volkswagen in Mosel. Die letzten 1.1 kamen dann wieder aus dem Stammwerk.

Links: Die beplankte Karosserie auf dem Weg von der Abreibkabine in die Lackiertaktstraße.

Unten: Arbeitserleichterung: Der Kippkäfig hilft, unbequeme Handgriffe vermeiden.

Das Lackkontroll- und Nacharbeitsband neben der Lackiertsraße.

Links: Ungewöhnliche Transportlogistik: Die Universal-Karosse kommt per Gabelstapler.

Rechts: Werkverkehr: Trabant-Karosserien unterwegs zwischen zwei Arbeitsabschnitten.

Die Produktion war im VEB Sachsenring einer von zwölf Direktionsbereichen. Deren Fachdirektoren unterstanden direkt dem Betriebsdirektor. Die Situation der einzelnen Produktionsbereiche gestaltete sich unterschiedlich. Das Problem, sich nahezu die ganze Ausrüstung selbst schaffen zu müssen, weil die staatliche Wirtschaftslenkung dem Betrieb keine Maschinen zugestand, zog sich (im Wortsinn) wie ein roter Faden durch die ersten 25 Jahre des Betriebes. Jede Neueinrichtung wurde zum Kraftakt, das meiste in eigener Regie gebaut. Von Anfang an auf einem modernen Stand befand sich dabei der Produktionsbereich Preßstoffertigung, ein Herzstück des Trabant-Werkes. Da die gesamte Technik im Hause entstanden war und ständig weiterentwickelt wurde (siehe Seite 91), wirkten sich die Probleme der Maschinenbeschaffung in diesem Bereich nicht aus. Der Karosserie-Rohbau hatte es da schon schwerer. Die Teile des Stahlblechskelettes wurden hier zusammengeschweißt, sehr lange mit mühsamen und veralteten Methoden. Zum Start konnten allerdings neue Transportbänder montiert werden. 1961 folgte ein Ovalband für Arbeiten am Karosserieboden, es verkürzte die Arbeitszeit pro Fahrzeug um 2,25 Stunden. Dahinter verbirgt sich eine fast kuriose Geschichte: die Volkswagen AG hatte Spezialisten aus Zwickau gestattet, eine derartige Anlage in Wolfsburg zu studieren. Dieser Einblick in westliche Produktionstechnik war der Grundstein des neuen Bandes im sozialistischen Werk. Zwei Jahre später wurde ein U-Band für den Gerippebau eingerichtet.

Die im Karosserie-Rohbau postierten alten Schweißmaschinen gerieten in der Wendezeit regelrecht zum Symbol technischer Rückständigkeit im Werk, obwohl da schon zumindest teilweise moderne Schweißroboter im Einsatz waren. Karosseriebeplankung und Lackierung stellten einen weiteren zentral wichtigen Fertigungsbereich dar. Eine automatische Lackiertaktstraße 1960, ein Tauchbad für die Grundierung 1962 und ein Jahr darauf eine zweite Lackiertaktstraße für die Beplankung halfen über die Schwierigkeiten hinweg. Mitte der 70er Jahre hatte man die elektrophoretische Tauchgrundierung des Blechgerippes eingeführt und 1989 noch einmal auf den allerneuesten Stand gebracht. Nach der Montage der Kunststoffteile folgten Grundierung und Unterbodenschutz, dann der Decklack in drei Schichten.

Museumsreif: Noch 1989 arbeitete dieser von Hand bestückte Schweißautomat im Werk.

Ungewöhnliche Farbauswahl

Die Farben des Trabant fielen immer durch ungewöhnliche und manchmal sehr gewöhnungsbedürftige Mischungen auf. Dr. Ing. Werner Reichelt, im Werk über lange Zeit verantwortlich für die Preßstoffentwicklung, räumt dazu in seiner Schrift „Die Trabant-Legende" mit einem alten Vorurteil auf. Nicht Probleme bei der Lackierung der Kunststoffteile führten zu der eigenartigen Farbenauswahl, sondern die Notwendigkeit des Transportes der Karosserien. Die grundierte Rohkarosse des Kombi und später des Universal wurde ins Karosseriewerk Meerane gebracht, dort beplankt und endlackiert, zur Endmontage kamen sie zurück nach Zwickau. Mögliche Transportschäden waren demnach die Ursache für die Lackauswahl. Sie konnten sowohl auf dem Weg von Meerane nach Zwickau beim Universal wie auch auf Transportwegen innerhalb des verzweigten Werkes in Zwickau auftreten. Um dessen Herr zu werden, verwendete man nur bestimmte Lackzusammensetzungen, die besonders leicht auszubessern waren.

Roll out:
Durch diese Türen kamen alle neuen Trabis.

Links: Im Sommer 1978 (1986) ist wieder eine „runde" Zahl erreicht.

Während der Trabant-Motor aus Karl-Marx-Stadt angeliefert wurde, handelte es sich beim Getriebe um ein im Hause hergestelltes Bauteil, auch die Neuentwicklung für den 1.1 und den Wartburg 1.3 stammte aus Zwickau. Der Produktionsbereich Getriebefertigung und Metallveredelung nahm deshalb eine wichtige Position in Zwickau ein. In zwei Etappen wurde 1961 und 1963 eine komplette Getriebetaktstraße eingerichtet. Der Fertigungsbereich Blechpresserei gehörte zu den Werksteilen, die Mitte der achtziger Jahre mit neuen Maschinen bedacht wurden. Pressen aus DDR-Produktion - Markenname „Erfurt" - konnten nun endlich installiert werden. Zwanzig Jahre lang waren sie dem Werk vorenthalten worden, weil die Erfurt-Maschinen in den Export gehen mußten. Zu einer gewissen Berühmtheit im Lichte des öffentlichen Interesses der Wendezeit kam der Fertigungsbereich Endmontage im alten Werk. Obwohl technologisch nicht schlecht ausgestattet - schon früh wurden Drehförderer eingerichtet, um Arbeiten in unbequemer Haltung abzuschaffen -, entwickelte sich das Bild der alten, dunklen Hallen und der zwei mit Rolläden versehenen Außentüren, durch die neue Trabis ins Leben rollten, zu einem Synonym für die veraltete Autofabrik. Erhebliche logistische Probleme brachten außerdem die langen Transportwege zwischen den Werksteilen, zum Beispiel ganzer Rohbaukarosserien, mit sich.

Nur ein Drittel in der Produktion

Die Beschäftigtenzahl des Trabant-Werkes stieg von anfangs knapp 8000 auf rund 11.300 am Schluß. Nur ein Drittel von ihnen waren in der Produktion tätig. Viele Kräfte band der notgedrungen durchgeführte Werkzeugmaschinen- und Anlagenbau, aber auch die Verwaltung einschließlich ihrer politischen Verzweigungen und die für die sozialistische Grundidee typischen sozialen Aufgaben erforderten hohen personellen Aufwand. Innerhalb des Direktionsbereiches Sozialwesen gab es eine Hauptabteilung Sozialpolitik. Zum Werk gehörten eine Wohnungsbaugenossenschaft, eine Poliklinik für die Belegschaft, Kindergärten, das Kulturhaus, mehrere Ferienheime, ein vielfältiges Freizeitangebot im Stil einer Volkshochschule und schließlich die Betriebssportgemeinschaft (BSG) Sachsenring. Die popupuläre Zwickauer Fußballmannschaft brachte es sogar zu Ehren im Europapokal. All das war sehr begehrt und beliebt bei der Belegschaft und bei allen Zwickauern, es kostete den Betrieb aber viel Geld und auch personelle Kraft. Rationelles Arbeiten verhinderte zudem das ständige Improvisieren, die komplizierte Zusammenarbeit mit den 1200 Zulieferern und die Materialbeschaffung unter den sozialistischen Wirtschaftsbedingungen.

145.600 Fahrzeuge im Jahre 1988 bedeuteten den Rekord in der Trabant-Geschichte. Auch wenn der Tagesausstoß von 202 Fahrzeugen 1964 (davon 42 Universal) auf 570 (20 Prozent Universal) Mitte der achtziger Jahre gesteigert worden war, für eine rationelle Fertigung unter den Bedingungen des Weltmarktes war das viel zu wenig, für einen rationellen Einsatz von Duroplast viel zu viel. Aber selbst diese Zahl war nur unter großen Mühen und in kleinen Schritten zu schaffen. Die Belegschaft sah sich in einer schwierigen Arbeitssituation auf Dauer, bei der man zudem noch stets gute Miene zu machen hatte.

Einer der Gründe, warum die Bürger der DDR ihre Tageszeitung am liebsten gar nicht mehr lasen, war die ununterbrochene Verkündung von Planübererfüllungen an allen Ecken und Enden der Volkswirtschaft. Wie konnten nur derartige Erfolgsbilanzen entstehen, wo sich doch die materielle Situation des Einzelnen auf Dauer kaum spürbar verbesserte? Niemand glaubte veröffentlichte Zahlen dieser Art. Jürgen Schubert, von 1981 bis 1990 für die Öffentlichkeitsarbeit des VEB Sachsenring verantwortlich, beschreibt den Zustand sehr offen in seinem 1997 erschienenen Buch „Duroplast und Pastellfarben: Der Trabant". Es heißt dort unter anderem: „Der Plan war Gesetz, stand aber in der Regel auf tönernen Füssen, da die Grundlagen nicht vorhanden waren, weder materiell noch finanziell. Man baute auf irgendwelchen Zahlen auf, die eine imaginäre Steigerung vorgaukelten, Projekte wurden in Angriff genommen, die durch nichts abgesichert waren, betrieblich erwirtschaftete Gewinne verschwanden in dem bodenlosen Loch der 'Sozialpolitik', für Investitionen blieben zu wenig Mittel. Und der Durchschnittswerktätige hatte längst seinen Elan verloren und sich resignierend mit den Gegebenheiten abge-

Symbol des Wandels: Karosserien von Polo (zur probeweisen Montage) und Trabant 1.1 hintereinander.

Links: Endstadium: Trabant 1.1 werden in der Endmontage des neuen Werkes in Mosel komplettiert.

Horch-Parade im Werksmuseum.

MUSEUM

Auf zwei Etagen dicht gedrängt stehen die Exponate des Automobilmuseums August Horch im Eingangsbereich des ehemaligen Audiwerkes in der Walther-Rathenau-Straße. Schwerpunkte sind die Epoche nach 1945 und die zwanziger und dreißiger Jahre. Nicht weniger als 15 Wagen wie das 835 Sportkabriolet (1935), der 750 Pullmann (1933) oder der 500 als umgebauter Feuerwehrwagen von Horch, den Wanderer W 52 von 1937 oder die Audi 225 Limousine dokumentieren die Glanzzeit des Automobilbaus in Zwickau. Die ganz frühe Zeit vertritt der Horch-Lastwagen 25/42 PS von 1916. Sehr eindrucksvoll präsentiert sich das liebevoll restaurierte Arbeitszimmer von August Horch (1868 - 1951), der ja bekanntlich zunächst die Horch-Werke gegründet hatte (ab 1904 in Zwickau) und nach seinem unfreiwilligen Ausscheiden 1909 mit Audi (lateinisch audi = höre, horch) den zweiten Zwickauer Betrieb ins Leben rief. Beide Firmen wurden 1932 unter der Auto Union vereinigt. Die DKW F1 (1931) und F2 (1932-35) erinnern ebenfalls an diese Zeit.

Nicht minder aufregend ist der Teil des Museums, der sich der DDR-Produktion widmet. Nicht nur alle Zwickauer Serienwagen von F8 bis zum Trabant 1.1 sind zu sehen, auch einige der Prototypen, denen eine Zukunft versagt blieb. Die Herstellung von Duroplast ist anschaulich an Hand von Original-Maschinen dargestellt, wichtige Tage in der Geschichte des VEB Sachsenring nennen zum Beispiel der millionste und der dreimillionste Trabant.

Zum Museum gehört ein gut sortierter Laden mit Schriftgut, Modellen und Souvenirs rund um Trabant und Horch. Geöffnet ist das Museum von Dienstag bis Donnerstag von 9.00 bis 12.00 und von 14.00 bis 17.00 und am Wochenende jeweils von 10.00 bis 17.00 sowie nach Vereinbarung. ●

Endstation Museum: Trabant aus drei Epochen schauen die Besucher an.

Das frühere Horchwerk im Jahre 1991. Der berühmte „Hochbau" mit der mechanischen Fertigung (links hinten) soll erhalten werden, viele andere Anlagen sind inzwischen abgerissen. Links vom Hochbau sind zu sehen Bremsenbau, Getriebebau und der Wareneingang, unmittelbar rechts vom Hochbau die Härterei und die galvanische Abteilung, weiter rechts die Polikinik, der Werkzeug- und Maschinenbau sowie das Kulturhaus.

funden - zu ändern war offensichtlich ohnehin nichts. Man schwamm im Strom mit, hatte sein Auskommen, fiel nicht auf, so ging alles seinen ´sozialistischen Gang` ..."

Neun Jahre zuvor hatte derselbe Autor, damals den Zwängen sozialistisch geprägter Formulierungskunst folgend, in der Werksveröffentlichung „Vom Tonneau zum Trabant" dasselbe Problem wohlklingend, aber letztlich nicht falsch, so dargestellt: „Die Produktion des millionsten Trabant ist Ausdruck der Anstrengungen des Betriebskollektivs, die Versorgung der Bevölkerung mit PKW zu verbessern. Trotz der hohen Leistungen der Zwickauer und Eisenacher Automobilbauer steigt die Nachfrage schneller als die Produktion. Die Kapazitäten reichen nicht aus, um alle Wünsche sofort befriedigen zu können. Dazu wären Investitionen in Milliardenhöhe erforderlich, die in anderen Zweigen der Volkswirtschaft dringender gebraucht werden."

Die Partei im Betrieb

Nur 2300 der rund 12.000 Sachsenring-Mitarbeiter waren Mitglied der SED. Trotzdem spielte die Partei natürlich eine wichtige Rolle, wie es die Struktur eines sozialistischen Großbetriebes eben vorsah. Ihr Einfluß auf die Masse der Werktätigen war offenbar gering, rückblickend verfaßte Berichte bestätigen das. Auf der Führungsebene des Betriebs bedeutete die Betriebsparteiorganisation aber eine feste Größe. An der Seite des Betriebsdirektors stand der Parteisekretär. Wieviel Reibung diese Konstellation hervorrief, hing im wesentlichen von den einzelnen Persönlichkeiten ab. Zeitzeugen bestätigen, daß es durchaus möglich war, im aufrechten Gang durch das Berufsleben zu gehen. Intern geäußerter Widerspruch auch gegen die Meinung der Partei war offenbar möglich, erforderte allerdings Stehvermögen und änderte letztlich nichts. Auf der obersten Ebene von Staat und Partei war absolutes Wohlverhalten allerdings erstes Gebot. Dr. Winfried Sonntag, in den Anfangsjahren technischer Direktor bei Sachsenring, später Leiter des Wissenschaftlich-Technischen Zentrums (WTZ) Automobilwerke (siehe Seite 39) und dann Generaldirektor des VVB Automobilbau, hatte das erfahren müssen. Die Laufbahn des gelernten Werkzeugmachers und ausgebildeten Diplomingenieurs verlief nämlich nicht ohne Rückschläge. Als Generaldirektor der VVB fiel er 1968 beim allgewaltigen, für die Wirtschaft zuständigen Politbüromitglied Günter Mittag in Ungnade. Seine Meinung klar zu äußern und sie zu vertreten, war nicht gern gesehen auf höchster Ebene, das mußte Dr. Sonntag sogar in Form einer Presseschelte in „Neues Deutschland" erfahren, ein sehr ungewöhnlicher Vorgang in der DDR. Das Ergebnis des unerfreulichen Berlin-Besuches: Generaldirektor wurde ein anderer, Dr. Sonntag fand sich bald in seiner früheren Position im WTZ wieder.

Die Fortsetzung

Mit dem Produktionsstopp des Trabant ist die Geschichte von Sachsenring keineswegs zu Ende. Im alten Horch-Werk in der Crimmitschauer Straße gingen die Lichter an jenem denkwürdigen 30. April 1991, als der letzte Trabant 1.1 vom Band lief, im Gegensatz zu dem anderen Werkteil, nicht ganz aus. Sachsenring gehörte wie alle ehemals staatlichen Betriebe aus der DDR-Zeit 1991 der von der Bundesrepublik eingesetzten Treuhandanstalt und sollte einem neuen Unternehmensprofil angepaßt werden. Komponentenlieferung für die Automobilindustrie hieß das Ziel. 1991 hatten 3000 der einst rund 11.000 Menschen umfassenden Belegschaft unter den neuen Vorzeichen die Arbeit aufgenommen. Erstmals präsentierte sich Sachsenring auf der Internationalen Automobilausstellung in Frankfurt/Main, als Autoproduzent hatte der Betrieb nie den Weg zur wichtigsten Automesse in Europa gefunden. Schon in Frankfurt kündigte der damalige Geschäfsführer Dr. Horst Meyer eine Halbierung der verbliebenen Belegschaft an. Als der Betrieb im Dezember 1993 in die Privatisierung kam, waren nur noch 285 an Bord. Neue Inhaber der Sachsenring Automobiltechnik wurden die Brüder Ernst Wilhelm und Ulf Rittinghaus, die bis dahin im heimischen Sauerland kleinere Betriebe für Kunststoff- und Metallbearbeitung geführt hatten.

Die ersten Zahlen paßten durchaus in eine Zeit, in der in den neuen Bundesländern ehemalige DDR-Betriebe in großer Zahl verschwanden. Viele waren baulich, technologisch und von den Produkten her so veraltet, daß sich kein Investor fand, bei anderen hatte niemand Interesse, neue Konkurrenten aufzupäppeln. Auch bei Sachsenring bestand ein hoher Investitionsbedarf, mußten alte Anlagen zeitgemäßen Maschinen und Hallen weichen. Die privatisierte Firma machte im ersten Jahr 35 Millionen DM Umsatz und 25 Millionen DM Verlust. Das klang nicht gerade ermutigend, aber Belegschaft und Investoren ließen sich nicht beirren. Die Fähigkeiten der Facharbeiter und Ingenieure und die Ideen der neuen Inhaber überzeugten mehr und mehr, drei Jahre später arbeiteten mehr als 800 Beschäftigte bei Sachsenring, 1997 im Schnitt 1700. Seit 1996 ist Sachsenring eine Aktiengesellschaft.

Ungewohnter Anblick: 601 mit Bedienknopf für den Elektroantrieb in einem Versuchsfahrzeug des neuen Sachsenring-Betriebes.

Noch einmal ein Auto von Sachsenring

Die Begriffe Fahrzeugsystem- und Produktionstechnik sowie Forschung und Entwicklung umreißen das Betätigungsfeld. Karosserierohbau, Baugruppen von Fahrwerkssystemen oder Lenkungsteile sind Beispiele aus der Fahrzeugtechnik. Besonders augenfällig wirkte der Auftrag, für den Econic, einen 1998 erschienenen Speziallastwagen von Daimler-Benz, das Fahrerhaus zu ent-

Ein Demonstrationsobjekt ist der Sachsenring Uni 1.

wickeln und zu bauen. Sogar ein komplett neues Auto mit dem Sachsenring-Zeichen an der Front hat es gegeben. Der Uni ist ein hochmodernes Hybrid-Fahrzeug mit wahlweise einsetzbarem Diesel- und Elektromotor. Die Karosserie bildet einen Aluminium-Rahmen, der mit Aluminium-Teilen beplankt ist, Trabant-Technologie auf höchstem technischem Niveau also. Der aufsehenerregende Uni 1 war von vornherein nicht für die eigene Produktion gedacht, sondern als Projekt für Kunden aus der Automobilindustrie und als Visitenkarte für künftige Aufträge.

Die Werkanlagen haben sich optisch sehr verändert seit 1991. Der berühmte „Hochbau" aus Horch-Zeiten ist aber geblieben und stand 1998 zur Renovierung an. Tradition und Moderne vertragen sich gut beim neuen Sachsenring.

Das neue Volkswagenwerk im Zwickauer Stadtteil Mosel.

Volkswagen in Sachsen

So sehr die Kooperation zwsichen dem VEB Sachsenring und dem Volkswagen konzern in Form der alten Modelle mit neuen Motoren auch zu unfertigen Ergebnissen führte, so wichtig waren die Aktivitäten doch im Endergebnis. Sie werden zum Anlaß und Wegbereiter eines wichtigen neuen VW-Produktionsstandortes, der Investitionen von rund 3,5 Milliarden DM nötig macht. Schon 1988 hatte im Motorenwerk von Barkas in Karl-Marx-Stadt die Produktion der Aggregate nach VW-Lizenz begonnen, sowohl für den im selben Jahr aufgelegten Wartburg 1.3 wie für die geplanten Trabant 1.1 und den Viertakt-Barkas sowie in Form von Rumpfmotoren als Bezahlung an Volkswagen. Für das Abkommen mit VW waren dem VEB Sachsenring Mittel für den Neubau eines Werkes mit Endmontage und Lackiererei im Stadtteil Mosel genehmigt worden. Am 21. Mai 1990 kam von dort der erste Trabant 1.1 und bildete zusammen mit noch zur Probe montierten VW Polo ein symbolträchtiges Fotomotiv des Wandels in der untergehenden DDR. Schon bald mußte der 1.1 weichen und enstand noch bis zum 30. April 1991 im alten Trabant-Werk.

Volkswagen aber hatte einen neuen Standort. Das moderne Sachsenring-Werk wird zum Grundstein für das Großprojekt einer kompletten Autofabrik in Mosel. Bis zum Dezember 1996 arbeitet das noch einmal modernisierte Werk aus der Trabant-Zeit, dann ist der Betrieb in den Neubau verlagert. Von dessen Grundsteinlegung im September 1991 bis zur Inbetriebnahme des ersten Teilbereiches vergehen nur zehn Monate, endgültig ausgebaut ist es erst im Oktober 1997, als die Produktion des Passat B5 beginnt. Die Jubiläumszahlen purzeln nur so bei der Volkswagen Sachsen GmbH, wie der Betrieb offiziell heißt. 250.000 in Mosel montierte VW - die meisten davon Golf II und III - sind es im August 1994, eine halbe Million im April 1997, als das neue Werk schon auf vollen Touren läuft. Aus Chemnitz wird am 5. Juni 1996 der zweimillionste Motor gemeldet. Die Beschäftigtenzahlen wirken sich äußerst positiv für die Region aus: 4500 Menschen arbeiten Ende 1997 in Mosel, 580 in Chemnitz. Volkswagen sorgt darüber hinaus in allen neuen Bundesländern für 14.000 weitere Arbeitsplätze in vor- und nachgelagerten Produktionsbereichen.

Sport

Der Trabant auf Rundstrecke und Rallyepiste, das paßte so gar nicht in das Bild des leistungsschwachen und technisch überholten Kleinwagens von 1990, dem Jahr, in dem seine Laufbahn als veralteter Zweitakter zu Ende ging. Und doch hat der Sport den Trabant immer begleitet, die Einsatzfahrzeuge für Rallies existierten sogar länger als der Alltags-Trabant. Noch bevor die Serie begann, gingen nämlich Wettbewerbs-Trabis an den Start, etwa bei der Wartburg-Rallye im Oktober 1957, allerdings außer Konkurrenz, weil nur Serienfahrzeuge homologiert werden können. Und bis 1995, so lange wie die 1990 noch einmal verlängerte Homologation lief, fuhren vereinzelt Trabis im Rallye-Look sogar bei Weltmeisterschaftsläufen mit. Seitdem haben sie bei für Oldtimer reservierten Veranstaltungen eine neue Heimat gefunden. Das gilt auch für die Rundstrecke.

Trabant-Premiere am Nürburgring 1990.

Eine kleine, aber sehr effektive Sportabteilung - in den achtziger Jahren waren es nicht mehr als elf Leute - organisierte ab dem Jahre 1960 den Rallye-Einsatz. Bei der Vorbereitung der Wettbewerbsfahrzeuge fiel manche Erkenntnis für die Versuchsabteilung ab. Einige Rennfahrer arbeiteten nach dem Ende ihrer aktiven Rallye-Zeit im Versuch, eine gegenseitige Befruchtung war unverkennbar. Vor 1960 waren die Trabant-Fahrer für den MC Zwickau gestartet.

Acht Gesamtsiege auf Rallyepisten

Zu jener Zeit hatten kleine, von der Serie kaum abweichende Rallyewagen gute Chancen auch auf den Gesamtsieg. Es ging noch nicht um die pure Geschwindigkeit auf Sonderprüfungen, sondern mehr um gleichmäßiges Fahren, um Orientierung und um das bloße Bewältigen langer und strapaziöser Strecken. Sogenannte Sprintprüfungen als Vorläufer späterer Sonderprüfungen stellten damals nur einen kleinen Teil des Programms dar. So ist auch der großartige Triumph bei der Rallye Hanseat 1961 in der Bundesrepublik zu erklären, einer der ersten Trabant-Erfolge auf internationaler Ebene. Galle/Georgi und Feldmann/König mußten sich bei Punktgleichheit den ersten Platz teilen, Asmus/Piehler wurden Dritte. Zu den 30 Jahren Zwickauer Werkssport gehören immerhin acht Gesamtsiege, der letzte wurde 1972 errungen. 845 Starts in 13 Ländern Europas haben die Statistiker gezählt. 177 Klassensiege, 110 zweite und 83 dritte Plätze in den jeweiligen Klassen sind dabei herausgekommen. Innerhalb des seinerzeit in sozialistischen Ländern ausgeschriebenen Pokals für Fabrikmannschaften gewannen die Zwickauer 26mal die Wertung.

Daß Gesamtsiege in den siebziger Jahren allmählich unerreichbar wurden, bei Veranstaltungen im westlichen Ausland in aller Regel auch Klassensiege, lag an den tiefgreifenden Veränderungen des Rallyesports. Mehr und mehr kam es auf die PS-Leistung an, es setzte ein Wettlauf ein, der erst Mitte der achtziger Jahre endete, dann angekommen bei rund 500 PS bei den Autos der Gruppe B. Wegen unkalkulierbarer Unfallrisiken und nach einigen schweren Unglücken verbot die Weltmotorsportbehörde FIA diese Fahrzeuge und verordnete eine „Abrüstung" . Selbstverständlich konnte und wollte ein Trabant auch mit der anschließend halbierten Leistung der internationalen Konkurrenz nicht mithalten. Man hätte ein spezielles Rallyeauto gebraucht, bekanntlich hatte man aber andere Sorgen beim VEB Sachsenring...

Zu einem Problem wurde mehr und mehr auch die internationale Klasseneinteilung. Fahrzeuge bis 600 ccm Hubraum gab es auf dem Weltmarkt kaum noch, entsprechend dünn war deshalb das Starterfeld bei Rallies. Teilweise in der Klasse bis 850 ccm, bis 1000 ccm, oft sogar bis 1150 ccm und 1300 ccm, dann gemeinsam mit den Eisenacher Brüdern der Wartburg-Sportabteilung, mußten die Zwickauer an den Start gehen. Dennoch gab es gute Erfolge sogar bei Weltmeisterschaftsläufen. 1970 schafften Asmus/Piehler und Galle/Müller einen Doppelsieg in der Klasse bis 850 ccm bei der Rallye Monte Carlo. Einen zweiten Platz gab es bei der Rallye Akropolis 1980.

Immer wieder Finnland

Starts im westlichen Ausland sollten den Absatz fördern. So wurde in Griechenland eine Zeit lang der Tramp verkauft, Belgien, Dänemark und die Niederlande waren Trabant-Märkte. Deshalb gehörten Rallies in diesen Ländern und anfangs auch in Österreich zum Jahresprogramm der Sportabteilung. Vor allem aber die berühmte Rallye der 1000 Seen in Finnland. Nicht weniger als 27mal waren Werkstrabanten am Start dieses höchst anspruchsvollen Weltmeisterschaftslaufes,

Die Rallyeabteilung des Werkes beim „Kriegsrat" während der Rallye „1000 Seen" in Finnland.

14 Klassensiege gab es dabei, den letzten 1981. Beim allerletzten Start in Finnland 1989 stellte sich noch einmal ein großer Erfolg ein: Platz 2, 3 und 4 in der Klasse und den Sieg im Wettbewerb der Fabrikmannschaften (um den sich allerdings nicht viele Konkurrenten bewarben). Die guten Plazierungen zu dieser Zeit - ein 8. und 10. Gesamtrang bei der Rallye Saturnus in Jugolsawien 1987 zählen dazu - erklären sich selbstverständlich aus der Klasse der Besatzungen und aus der Zuverlässigkeit des leistungsmäßig unterlegenen Trabant, aber auch aus der eingespielten Werksmannschaft. Zwar agierte das Team mit dem Verhältnis 1:1 Wettbewerbsauto - Servicewagen gegenüber den

Wenn die Schnelleren auch vorbeiziehen: Hauptsache dabeigewesen (Safari 1994).

Großen im Rallyesport extrem bescheiden, gegenüber der privaten Konkurrenz in dieser Klasse wirkte sich der Professionalismus im kleinen Rahmen natürlich trotzdem sehr positiv aus. Geradezu berühmt waren bei Kennern der Werksszene die am Fahrwerk verstärkten Trabant Universal als Service-Fahrzeuge der ersten Jahre. Unverzichtbare Dienste leistete später der Transporter Barkas, wie der Trabant ein zuverlässiger, extrem belastbarer Wagen. Der B 1000 genannte Eintonner rollte als Transporter für die Ersatzteile und als Zugfahrzeug für die Wettbewerbsautos auf der Hin- und Rückreise.

Die Werksmannschaft ging auch bei den Läufen zur DDR-Meisterschaft an den Start, hier naturgemäß mit allerbesten Erfolgsaussichten in ihrer Klasse. Mehrere DDR-Meistertitel holten sich die Trabantfahrer. Gelegentlich gelang sogar eine Plazierung vor den Werks-Wartburg aus Eisenach, ein Ereignis, über das man sich in Zwickau besonders freuen konnte. Ein drittes Betätigungsfeld stellte der „Pokal für Frieden und Freundschaft der sozialistischen Länder“ dar, eine Art Europameisterschaft des Ostens. Hier gab es sogar eine Wertung für Nationalmannschaften, im Motorsport ansonsten völlig unüblich. Eingespielte Teams im Rallyeauto bildeten in den achtziger Jahren Heinz Galle/Wolfgang Kießling, Frank Ficker und Reiner Leonhardt und das Team Weichsel/Richter.

Allerdings mußten die Rallye-Piloten nicht mit den wenigen PS des Serientrabant auskommen. So weit das Reglement es zuließ, gab es immer schon Verbesserungen am Trabant 601, ab 1980 erlaubte die FIA dann auch umfangreichere Veränderungen an Serienfahrzeugen. In Zwickau führte das zur Entwicklung des Trabant 800 RS. Als Fahrzeug der neuen Gruppe A startete er ab 1986 vor allem international. Der vergrößerte Hubraum gestattete eine Leistung von 65 PS. Zusammen mit einer speziellen Auspuffanlage und einem Fünfganggetriebe bildete der 800 RS ein respektables Kraftpaket. Ein solches Fahrzeug aus der letzten Zeit ziert heute die Sammlung des Automobilmuseums Zwickau, ein weiteres befindet sich in Sammlerhand.

Mit dem 30. Juni 1990 war dann das Ende der Trabant-Sportabteilung gekommen. Sie wurde liquidiert, ein Vorbote des Schicksals des ganzen Werkes. Der allerletzte Rallye-Einsatz bei der jugoslawischen Rallye Saturnus und dort ein vierter Platz in der Klasse bis 1150 ccm lagen da erst gut einen Monat zurück.

Da die Homologation des Trabant noch bis 1995 lief, wagten sich einige Mutige noch einmal in die große Rallyewelt, nun ohne jede Aussicht auf gute Plazierungen. So tauchte erstmals ein Trabant bei der legendären RAC-Rallye in England auf, noch zweimal bei der Rallye Monte Carlo und sogar, als zwei Weltpremieren, bei der afrikanischen Safari- und der Australien-Rallye. So weit hatte es bis dahin noch kein Trabant gebracht. Zu Plazierungen reichte es aber in der Regel nicht mehr, die Sollzeiten für die Rallyeautos der neunziger Jahre sind mit einem Trabant nicht zu schaffen.

Schnellster Trabant ab Werk: Rallyeauto RS 800

MOTORSPORT IN DER DDR: DER PARTEI ZUM TROTZ

Die Motorsportbegeisterung in der DDR hatte natürlich ihre Ursache auch im Mangel an anderer Gelegenheit. Die Freizeitmöglichkeiten waren generell eingeschränkt, westliche Rennen blieben für das Publikum der DDR als Live-Erlebnis schwer erreichbar. Karten für das ab 1986 in Budapest durchgeführte Formel-I-Rennen waren praktisch nicht zu bezahlen. Besser sah es mit den Motorrad-Grand-Prix in der Tschechoslowakei aus. Dieses Nachbarland war zum Beispiel in den achtziger Jahren als einziges visumfrei zu erreichen. Toni Mang, Weltmeister aus der Bundesrepublik, sah sich in Brünn mehr gefeiert als in Hockenheim, wo zu dieser Zeit nur noch wenige Zuschauer zu Motorradrennen kamen. Die DDR war eben ein Motorradland geblieben, zudem reizte es die Menschen, einem westdeutschen Star zuzujubeln, weil genau das von der Partei daheim nicht gern gesehen wurde. So hatte die recht rege Motorsportszene in der Tschechoslowakei einschließlich des „Großen Preises der Tourenwagen" in Brünn eine gewisse Ventilfunktion für die Rennfans in der DDR.

Einen tiefen Einschnitt bedeutete der Beschluß des Deutschen Turn - und Sportbundes (DTSB) der DDR im Jahre 1972, den Motorsport als „nichtolympischen" Bereich aus dem förderungswürdigen Leistungssport herauszunehmen. Verbunden war mit diesem Beschluß ein Startverbot von DDR-Fahrern im westlichen Ausland (Ausnahme: die Werksmannschaften von Sachsenring und Automobilwerk Eisenach, bei den Motorrädern von Simson und MZ). Sportler aus dem Westen durften in der DDR nicht mehr starten. Ebenso war westliche Technik verboten. Übertretungen des Verbots zum Beispiel durch Veranstalter, die Sportler aus dem Westen eingeladen hatten, wurden konsequent bestraft. Das belegt eine 1997 erschienene Chronik des ADMV mit Beispielen.

Obwohl der Motorsport in der DDR bei Staat und Partei einen schweren Stand hatte, konnten sich seine Anhänger an einer populär aufgemachten Fachzeitschrift erfreuen. Der „Illustrierte Motorsport" informierte, wenn auch spärlich, über das internationale Geschehen und war nach innen ein wichtiges Sprachrohr für den gesamten Motorsport (einschließlich Bootsrennen und Motoball) gegenüber den staatlichen Gremien. An der Popularität der Rennen kam auf Dauer niemand vorbei, zudem hatten die vielen im Allgemeinen Deutschen Motorsportverband (ADMV) zusammgeschlossenen örtlichen Clubs in der Verkehrserziehung und Freizeitgestaltung außerhalb der Rennveranstaltungen eine gesellschaftliche Aufgabe, die letztlich den Rennsport rechtfertigen half. Das tiefe Tal nach der Aussperrung vom internationalen Geschehen wurde jedenfalls überwunden, die Zuschauerzahlen auf dem Sachsenring und am Schleizer Dreick stiegen wieder an. Es fehlte zwar die Faszination westlicher Hochleistungstechnik, guter Motorsport wurde aber auch unter eingeschränkten Bedingungen geboten.

Die Rennbegeisterung hat die politische Wende überlebt. Tourenwagenrennen am umgestalteten Sachsenring und ab 1998 auch der deutsche Lauf zur Motorrad-Weltmeisterschaft sind bestens besucht, die Fahrer äußern sich hoch erfreut über die Atmosphäre, neue Strecken in Oschersleben und der Lausitzring bei Berlin tragen dieser Stimmung in den neuen Bundesländern Rechnung. Und Tourenwagenrennen der Trabanten im Rahmen der Gruppe H (ehemalige Rennfahrzeuge) wecken dann immer wieder Erinnerungen an die schönen Renntage des Trabant. ●

Wiedersehen am Nürburgring: Trabant-Rennen 1998.

Wendezeit: Renntransporter Barkas und westliche Reklame passen für einige Zeit zusammen.

„Markenpokal" Trabant

Gegenüber seinem Rallye-Kollegen wesentlich kleiner war das Aktionsfeld des Renn-Trabant. Dennoch gerieten die Auftritte der „Rennpappen" - so der Spitzname beim Publikum - äußerst spektakulär. In der von einer großen Zuschauerbegeisterung getragenen Motorsportszene der DDR - Besucherzahlen der großen Rennwochenenden an Sachsenring oder Schleizer Dreieck lagen mit 150.000 noch Ende der achtziger Jahre so hoch wie in besten Zeiten des guten, alten Nürburgringes im Westen - zählten die Läufe der Trabant stets zu den Höhepunkten. Ähnlich den Markenpokalen im Westen, allen voran der Renault-5-Pokal, reizte die relative Chancengleichheit der Fahrzeuge ebenso wie die Identifizierung der Zuschauer mit dem ihnen bestens vertrauten Autotyp.

Allein die Vorstellung, daß im Renn-Trabant nicht 26, sondern bis zu 70 PS schlummerten, übte eine besondere Faszination aus. Zum Beispiel der Wagen von Steffen Nickoleit, DDR-Meister von 1987 auf der Rundstrecke. Im Gegensatz zum Rallyeauto blieb der Hubraum hier unverändert, lediglich ein geringes Ausschleifen der Zylinder war erlaubt. Zur Leistungssteigerung verhalfen stark vergrößerte Überströmkanäle und ein Vergaser mit einem Durchmesser von 34 Millimetern, der aus der Motorradtechnik stammte. Die Drehschieber wurden zugunsten optimaler Steuerzeiten verändert. Außerdem wurde der Wagen abgespeckt, Motor und Getriebe tiefergelegt, die Federn auf negativen Sturz getrimmt und die Spur um 50 Millimeter verbreitert. Die ganze Abmagerungskur - reduzierte Innenausstattung nicht gerechnet - brachte einen Gewichtsvorteil von 80 Kilogramm. So vorbereitet lief der Renn-Trabant 170 km/h, wobei Nickoleit dem Feld keineswegs enteilen konnte. Die Entscheidungen waren immer knapp, rund 30 Fahrzeuge gingen am Sachsenring an den Start. Ein Vergleich der Rundenzeiten: beim Sachsenring-Rennen 1989, dem letzten vor der politischen Wende in der DDR, schaffte Trabant-Sieger Klaus Schumann die schnellste Rennrunde in 3:14,96 Minuten, der Sieger der Klasse bis 1300 ccm, Klaus Gohlke auf Lada, erreichte als schnellste Rennrunde 3:01,58. Letzter DDR-Meister auf Trabant wurde 1990 Kay Kögler aus Erfurt.

Mitte Juni desselben Jahres erlebte der Nürburgring seine Trabant-Premiere. Die ganze Truppe trat zu einem Sonderlauf im Rahmen des Oldtimer-Festivals an. Das Rennen war offen und spannend, die Spitze beeindruckte mit professioneller Fahrweise. Auch hier ein interessanter Vergleich: bei der schnellsten Rennrunde von Ralf Unbehaun blieb die Uhr 21 Sekunden später stehen als bei der Rekordmarke des Renault-5-Pokals. Es war deutlich die Zeit des Umbruchs: während auf dem einen Trabant als Sponsor noch „VEB Maschinenbauhandel Karl-Marx-Stadt" zu lesen war, fuhr der andere schon mit „Jägermeister". Heute gehen die verbliebenen Renn-Trabanten in eigenen Serien, zum Beispiel in der „Trabi-Trophäe", an den Start. Sport mit Oldtimern ist sehr populär.

Leben mit dem Trabi

Kaum zu glauben aber wahr: Trabant mit Surfbrett und Wohnwagen aus der DDR am Balaton in Ungarn.

Nostalgie hat ihre eigenen Gesetze. Freunde des Trabant schätzen heute dessen Einfachheit, Strapazierfähigkeit und originelle Erscheinungsform. Genährt wird ihre Freude durch das Wissen um die Bedeutung dieses denkwürdigen (und denkmalwürdigen!) Fahrzeuges aus der Zeit der DDR, vertraut entweder aus eigenem Erleben oder vom Hörensagen. Die Augen leuchten hell, wenn der ehemalige Trabant-Fahrer heute davon berichtet, wie schnell sich ein Motorwechsel hatte bewerkstelligen lassen und was er alles selbst gemacht hatte damals.... Und heute? Schon das dritte Auto seit der Wende, alles elektronisch, ganz toll, aber Hand anlegen verbietet sich von selbst angesichts der teuren und komplizierten Technik. Bleibt das moderne Auto doch einmal liegen, hilft nur noch der sehnsüchtige Blick nach dem „gelben Engel" eines Straßenhilfsdienstes. Den gab es in der DDR nur marginal, aber der Trabant war eben auch ein ganz anderes Auto. Und das ist, vor allem im Rückblick, keinesfalls nur negativ gemeint.

Selbstverständlich will niemand in den neuen Bundesländern, der die DDR durchlebt hat, noch einmal zwölf Jahre auf einen Kleinwagen warten und ihn dann auch noch zu teuer bezahlen müssen. Keiner wünscht sich die Zeit der zu wenigen Werkstätten und Tankstellen zurück, zu der auch eine nervenaufreibende Jagd nach Ersatzteilen gehörte. Aber wie alles im Leben hat auch der Ärger mit dem Mangel eine zweite Seite. War man nicht stolz, den guten Trabi - oft trug er einen Namen und zählte (fast) zur Familie - wieder einmal heil durch das Jahr gebracht zu haben? Kleine Schäden

Ob alt oder neu, wertvoll war der Trabi in jedem Fall. Die Zahl auf dem Pullover des Jungen symbolisiert die langen Wartezeiten.

Der Trabant beherrschte das eher graue Straßenbild in der DDR, hier eine Szene aus dem Jahre 1985, aufgenommen in Hildburghausen.

Die schöne heile Prospektwelt war da doch gleich viel bunter.

selbst beseitigt und gute Beziehungen in die Werkstatt geknüpft zu haben, damit alles läuft? Der vielzitierte „gelernte DDR-Bürger" konnte organisieren, Verbindungen flechten, seine individuellen Fähigkeiten im Alltag mehr oder weniger optimal einbringen. Zu recht verfluchte er die systemimanente Mangelwirtschaft des Sozialismus, freute sich aber im selben Atemzug über ein unter dem Ladentisch besorgtes Stück.

Jeder Westbesuch in der DDR bot eine reichhaltige Palette von Gesprächsthemen, die sich übrigens von Begegnung zu Begegnung fast wie ein Ritus wiederholten. Um das Auto ging es dabei immer, nicht nur wegen der unterschiedlichen Technik in Ost und West. Wem konnte man seine Stimmungslage um Suchen und Finden von Ersatzteilen, Erwarten und Ergattern von Werkstattterminen oder des Fahrschulkurses besser schildern als einem, der ungläubig zuhörte? Und wahrlich, die Probleme waren nicht klein.

Der Trabant als Nutzfahrzeug: Zusammen mit den weit verbreiteten Pkw-Anhängern half er den Alltag bewältigen.

infra-grill 90
grillen
überbacken
warmhalten
braten
dünsten
erhitzen
AKA ELECTRIC
80
IFP 2-17

Reparaturfreundlichkeit und Wartungsarmut hatten ja schon zum Entwicklungsauftrag des Trabant gehört. Der Mangel an Werkstätten war Anfang und Mitte der fünfziger Jahre schon erkannt, vermutlich aber in der Erwartung, das Problem werde sich irgendwann lösen lassen. Es ließ sich nie lösen, bis in die Tage der politischen Wende 1989 mußten die Autofahrer in der DDR mit speziellen Widrigkeiten kämpfen. Selbst derjenige Werkstattleiter, der die Bedeutung seiner raren Einrichtung nicht ausnutzte und sich um korrekte Behandlung seiner Kunden bemühte, zog zwangsläufig Ärger auf sich. Schließlich konnte er nur verarbeiten, was er an Ersatzteilen vorrätig hatte. Genug war es nie. Und welche Möglichkeiten eine solche Position Menschen ohne Skrupel eröffnete, läßt sich leicht vorstellen. Vetternwirtschaft und Bestechlichkeit oder die Erfüllung eigener Wünsche

Auch als Geschäftswagen ist der Trabi geeignet, gesehen am Balaton.

als Gegenleistung für einen schnellen Termin sind immer wieder vorgekommen. Der Verdacht kann dabei rückwirkend nicht auf alle fallen, wo aber derartig oft von Mißbrauch erzählt wird, liegt in der Regel ein wahrer Kern. Auch die Volkspolizei kümmerte sich um das Problem und tätigte zum Beispiel Scheinkäufe rarer Trabant-Auspuffanlagen. Zeigte die (vorgetäuschte) Bestechung Erfolg, stand es schlecht um den Ersatzteilverkäufer, der nach Annahme der 100 Mark „zufällig" noch einen Auspuff in der hintersten Ecke gefunden hatte...

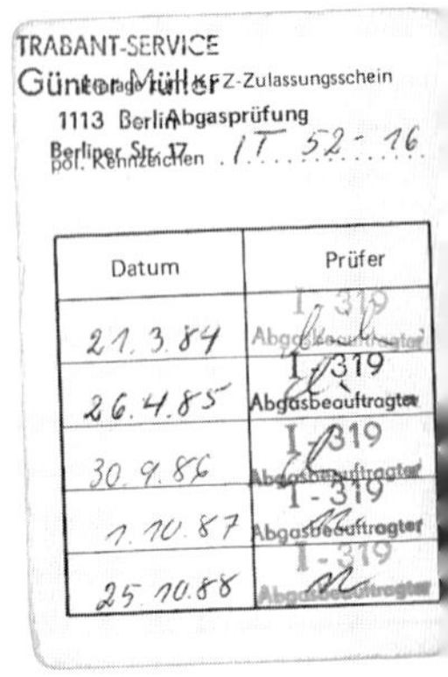

Teufelskreis Ersatzteilmangel

Die mangelhafte Ersatzteilversorgung bedeutete eine Crux für alle, auch für das Herstellerwerk. 35 Prozent des Gesamtaufwandes des Kombinates Personenkraftwagen mußten 1989 für Ersatzteile bereitgestellt werden. Das war viel zu viel für die Fabrik und immer noch viel zu wenig für den Markt. International üblich waren damals acht bis zehn Prozent. Die Ursache lag im völlig überalterten Fahrzeugbestand. Von den 2,2 Millionen in der DDR im Jahre 1990 zugelassenen Trabant waren noch 84.000 von den Typen P 50 und 600, das Durchschnittsalter aller Pkw in der DDR lag bei 13,9 Jahren! 1980 waren es 9,3 Jahre gewesen, 1975 nur 7,82. Anders gesagt: 49,7 Prozent aller Trabis waren älter zehn Jahre, beim Gesamtbestand aller Pkw waren es 54 Prozent. Über zehn Jahre alte Autos beanspruchen aber die doppelte Anzahl an Instandhaltungsstunden und mehr als das Doppelte an materiellen Aufwendungen für Ersatzteile, nämlich 503 Mark statt 202 Mark in der jüngeren Gruppe, so eine Analyse des Ministeriums für Maschinenbau vom Januar 1990.

Wenn es zu wenig Neufahrzeuge gibt, muß eben jedes verbrauchte Exemplar mit allen Mitteln am Leben gehalten werden. Komplette Neuaufbauten waren an der Tagesordnung und verschlangen in jeder Beziehung viel Energie, sowohl beim Autobesitzer wie beim Hersteller. Dazu kam der typische Mangeleffekt des Hamsterkaufes. Vorgestern gab es eine kleine Feder noch, dann war sie „aus". Sobald sie wieder auftaucht, kauft jeder Trabant-Besitzer drei, er braucht aber im Augenblick gar keine. Nach drei Tagen ist die Feder wieder alle und es dauerte ein Dreivierteljahr, bis sie erneut verfügbar ist, oder länger, wer weiß das schon vorher?

Ein dritter Keilriemen oder ein Satz Sicherungen konnten außerdem auch nicht schaden und wenn man das alles zum Tauschen brauchen würde.... Zu den erstaunlichsten Erscheinungen in der DDR gehörte die Erkenntnis, daß es zwar offenbar „nichts gab“, in den einzelnen Hausständen aber vieles davon vorhanden ist, manchmal mehrfach. Die Volkswirtschaft der DDR war zu schwach und unbeweglich, um diesen Teufelskreis etwa mit einer Phase der Überversorgung aus eigener Kraft zu durchbrechen, trotz einiger Versuche zum Beispiel seitens der Autohersteller bei den Ersatzteilen. Noch für 1990 hatte der VEB Sachsenring den Plan aufgestellt, mit größten Anstrengungen den Bedarf an Ersatztteilen zu 84,6 Prozent zu decken. Hundert Prozent waren Illusion!

Oft genug durchkreuzten unsinnige Direktiven der Politik die Vorhaben der Hersteller. Der fast schon sprichwörtliche Mangel an Auspuffanlagen für den Trabant findet eine von mehreren Ursachen in einer solchen Direktive: alle Betriebe sollten vier Prozent Material einsparen, auch der Zulieferer des Trabant-Auspuff. Kleinere Stückzahlen waren natürlich tabu, also wurde die Wanddicke des Auspuffes von 1,3 auf 0,9 Millimeter zurückgefahren. Das Material war eingespart, der Plan erfüllt, beides mit dem zweifelhaften Ergebnis, daß die „dünnen“ Auspuffanlagen schon nach zwei Jahren ersetzt werden mußten, statt Einsparung also Mehraufwand. Natürlich wußte das der Zulieferbetrieb ebenso wie das Werk. Um den unsinnigen Beschluß wieder rückgängig zu machen, mußte behutsam und ausdauernd agiert werden, und nur Unerschrockene hatten überhaupt den Mut dazu.

Hinzu kam bei der ganzen Versorgungsmisere, daß bei einem Dienstleistungsmonopol der Kunde nicht im Mittelpunkt steht. Der Begriff der Dienstleistung war in der DDR nicht wörtlich zu nehmen, der Kunde blieb immer der Bittsteller. Entsprechend verhielt er sich. Eine - deshalb eher seltene - Beschwerde beim Hersteller über die Werkstatt etwa konnte böse Folgen haben für den Beschwerdeführer. Wer nicht zufrieden sei mit der Leistung des Hauses, wolle ja sicher nicht mehr bedient werden, so konnte es als spätere Reaktion erschallen, nachdem das Werk sich in den Streit eingeschaltet hatte. Ein Trabant-Besitzer, der das zu hören bekam, mußte unter Umständen monatelang auf sein Fahrzeug verzichten. Allerdings kann es sein, daß derselbe Werkstattleiter sein Handeln nach der politischen Wende, dann möglicherweise im eigenen Betrieb, bereut hat. Verärgerte Kunden haben ein gutes Gedächtnis.

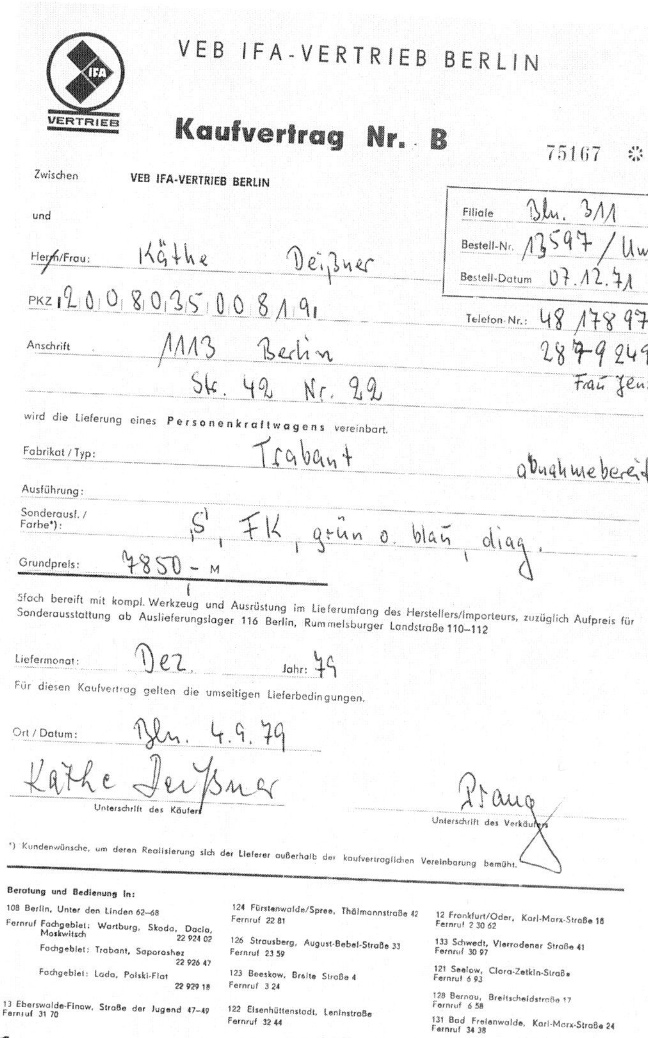
VEB IFA-VERTRIEB BERLIN

Kaufvertrag Nr. B 75167

Zwischen VEB IFA-VERTRIEB BERLIN

und

Herrn/Frau: Käthe Deißner

Filiale: Bln. 311

Bestell-Nr. 13597 / Umm.

Bestell-Datum 07.12.71

PKZ 200803500819

Telefon-Nr.: 48 17 97 p. 2879249 d.

Anschrift 1113 Berlin

Str. 42 Nr. 22

wird die Lieferung eines Personenkraftwagens vereinbart.

Fabrikat / Typ: Trabant

Ausführung:

Sonderausf. / Farbe*): S, FK, grün o. blau, diag.

Grundpreis: 7850,- M

5fach bereift mit kompl. Werkzeug und Ausrüstung im Lieferumfang des Herstellers/Importeurs, zuzüglich Aufpreis für Sonderausstattung ab Auslieferungslager 116 Berlin, Rummelsburger Landstraße 110–112

Liefermonat: Dez. Jahr: 79

Für diesen Kaufvertrag gelten die umseitigen Lieferbedingungen.

Ort / Datum: Bln. 4.9.79

Unterschrift des Käufers

Unterschrift des Verkäufers

*) Kundenwünsche, um deren Realisierung sich der Lieferer außerhalb der kaufvertraglichen Vereinbarung bemüht.

Beratung und Bedienung in:

108 Berlin, Unter den Linden 62–68
Fernruf Fachgebiet: Wartburg, Skoda, Dacia, Moskwitsch 22 924 02
Fachgebiet: Trabant, Saporoshez 22 926 47
Fachgebiet: Lada, Polski-Fiat 22 929 18

13 Eberswalde-Finow, Straße der Jugend 47–49, Fernruf 31 70

124 Fürstenwalde/Spree, Thälmannstraße 42, Fernruf 22 81

126 Strausberg, August-Bebel-Straße 33, Fernruf 23 59

123 Beeskow, Breite Straße 4, Fernruf 3 24

122 Eisenhüttenstadt, Leninstraße, Fernruf 32 44

12 Frankfurt/Oder, Karl-Marx-Straße 18, Fernruf 2 30 62

133 Schwedt, Vierradener Straße 41, Fernruf 30 97

121 Seelow, Clara-Zetkin-Straße, Fernruf 6 93

128 Bernau, Breitscheidstraße 17, Fernruf 6 58

131 Bad Freienwalde, Karl-Marx-Straße 24, Fernruf 34 38

1

Post vom IFA-Vertrieb

Ein beredtes Beispiel für die Behandlung der Kundschaft ist die Fahrzeugübergabe durch den IFA-Vertrieb. Obwohl dieser Tag nach der langen Wartezeit eigentlich nur ein Freudentag sein konnte für die stolzen Neubesitzer, haben viele dieses Erlebnis auch in negativer Erinnerung. Auch hier soll das Nebengeschäft zum persönlichen Wohl der Belegschaft geblüht haben, Ausstattungsdetails sollen von dem einen in das andere Fahrzeug gewandert sein. Irgendwo fehlten sie dann natürlich, eine Rückgabe des Vertrages kam für den Benachteiligten dennoch nicht in Frage. Natürlich gilt, daß dies nicht überall so gelaufen sein muß, aber nicht ohne Grund nahmen die Abholer ihr Auto sehr genau auch in

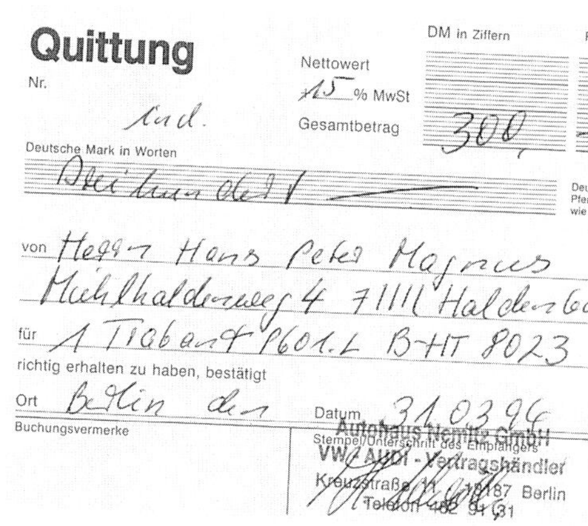
Quittung

Nr.

Nettowert

15 % MwSt

Gesamtbetrag

DM in Ziffern 300,– Pf

Deutsche Mark in Worten

Deutsche Pfennige wie oben

von Herrn Hans Peter Magnus

für 1 Trabant P601.L B-HT 8023

richtig erhalten zu haben, bestätigt

Ort Berlin den

Datum 31.03.96

Buchungsvermerke

Stempel/Unterschrift des Empfängers

Autohaus Nemitz GmbH
VW / AUDI - Vertragshändler
Kreuzstraße 11 · 13187 Berlin
Telefon 482 94 31

Wertverlust: Kaufvertrag zu DDR-Zeiten und nach der Wende für dasselbe Auto.

MINOL

Mit'm **Trabi**
auf **Reise** geh'n -
ne' war das schön

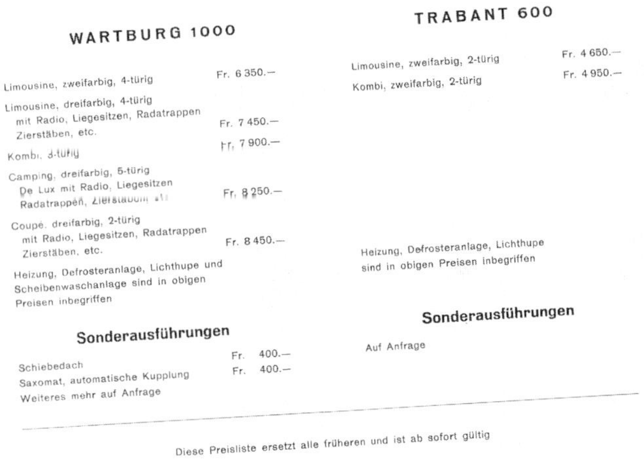

WARTBURG 1000	
Limousine, zweifarbig, 4-türig	Fr. 6 350.—
Limousine, dreifarbig, 4-türig mit Radio, Liegesitzen, Radatrappen Zierstäben, etc.	Fr. 7 450.—
Kombi, 3-türig	Fr. 7 900.—
Camping, dreifarbig, 5-türig De Lux mit Radio, Liegesitzen Radatrappen, Zierstäben etc.	Fr. 8 250.—
Coupé, dreifarbig, 2-türig mit Radio, Liegesitzen, Radatrappen Zierstäben, etc.	Fr. 8 450.—

Heizung, Defrosteranlage, Lichthupe und Scheibenwaschanlage sind in obigen Preisen inbegriffen

Sonderausführungen

Schiebedach	Fr. 400.—
Saxomat, automatische Kupplung	Fr. 400.—
Weiteres mehr auf Anfrage	

TRABANT 600	
Limousine, zweifarbig, 2-türig	Fr. 4 650.—
Kombi, zweifarbig, 2-türig	Fr. 4 950.—

Heizung, Defrosteranlage, Lichthupe sind in obigen Preisen inbegriffen

Sonderausführungen

Auf Anfrage

Diese Preisliste ersetzt alle früheren und ist ab sofort gültig

dieser Hinsicht in Augenschein. Ausstattungsdetails und Farben wurden übrigens erst festgelegt, wenn die Auslieferung im Grundsatz mitgeteilt worden war.

Die Kundschaft hatte sich zu einem ohne Rücksprache angesetzten Termin, mit der zuvor zugesandten „Lieferbereitschaftserklärung" versehen, früh morgens in einem Betrieb des IFA-Vertriebs einzufinden. Die Auslieferungsbetriebe waren dünn gesät - für das Jahr 1979 zählt eine Broschüre 33 auf -, oft mußten die Abholer weite Wege zurücklegen und mitten in der Nacht aufbrechen. Verspätetes Erscheinen oder gar ein Versäumen des Termins waren schlicht unvorstellbar.

Alles war organisiert bei der Fahrzeugübergabe, wie überall in der DDR. Im positiven Sinne hieß das: Anmeldung, Herstellen der Kennzeichen und Versicherungsnachweis wurden an Ort und Stelle bearbeitet. Im Negativen klang es so: „1. Der Käufer ist verpflichtet, den Kaufgegenstand zum vom Verkäufer mitgeteilten Termin am vereinbarten Abnahme-(Erfüllungs)ort abzuholen.
2. Der Käufer hat das Recht, den Kaufgegenstand am Erfüllungsort zu prüfen. Eine Prüfungsfahrt beschränkt sich auf die Probefahrt des Beauftragten des Verkäufers." So steht es im „Kleingedruckten" auf dem Kaufvertrag B (Beispiel einer Trabant-Auslieferung von 1979). In einem Service-Heft des IFA-Vertriebes aus dem Jahre 1968 heißt es etwas freundlicher: „Nun öffnen sich die Tore zur ersten Probefahrt. Achten Sie gut auf jeden Handgriff, den unser Mitarbeiter hinter dem Lenkrad ausführt. Schauen Sie sich an, wie die Gänge liegen, wie das Blinklicht geschaltet wird, lassen Sie sich auch die Scheibenwaschanlage vorführen!
Wenn Ihnen die Funktion der Einrichtung nicht vertraut ist, verzichten Sie auf keine Frage, die Sie hinsichtlich der Fahrzeugbedienung haben. Jetzt ist der richtige Moment dafür, um jedes scheinbare Problem der Bedienung schnell zu klären. Die Probefahrt hat weiterhin die Aufgabe, Ihnen die volle Funktionsfähigkeit des Fahrzeuges zu demonstrieren." Selbst ausprobieren und prüfen gab es also nicht. Weil die Vertragsunterzeichnung schon Jahre zurückliegt, hatte es natürlich auch seinerzeit keine Probefahrt gegeben. Man achte auch auf die Zwischentöne: Probleme der Bedienung können nur scheinbar existieren, die volle Funktionsfähigkeit wird als gegeben angenommen. Wer wollte da widersprechen...

Servicearbeiten in der Garage

Zu Hause angekommen, wartete erst einmal Arbeit auf den stolzen Trabant-Besitzer. Ein kompletter Unterbodenschutz gehörte nämlich nicht zum Lieferumfang. Zwar waren die Radschalen und die Hohlräume der Längs- und Querträger ab Werk mit Bitumen beschichtet, der Unterbodenschutz selbst aber blieb in der Verantwortung des Kunden. Für diese Arbeit stand generell der IFA-Service bereit, viele Werkstätten verlangten aber, daß alle Innenteile wie Teppichböden, Innenverkleidung und Sitze vorher vom Kunden entfernt und anschließend wieder montiert wurden. Erfahrene Trabant-Eigner sahen ihr neues Auto ohnehin genau durch und versäumten es nicht, eigenhändig Scharniere zu ölen oder Bowdenzüge zu fetten und erreichbare Schraubverbindungen an Karosserie, Motor und Fahrwerk zu überprüfen und eventuell festzuziehen.

Selbstverständlich hatte der IFA-Vertrieb auch die Aufgabe, für Gerechtigkeit bei der Bearbeitung der Anmeldungen (so der weit verbreitete Begriff für einen Kaufvertrag) zu sorgen. Das konnte heißen, bis drei Jahre nach Empfang eines Neuwagens keine neue Anmeldung tätigen zu dürfen (Beispiel 1971). Um einen schwunghaften Handel mit Verträgen auszuschließen, durfte die Anmeldung nur an Ehegatten und Kinder abgetreten werden. Trotzdem schafften es „gelernte DDR-Bürger", alle paar Jahre an einen Neuwagen zu kommen. Anmeldungen konnten zum Beispiel auch Eltern oder Großeltern abgeben, die gar kein Auto haben wollten. Und auch hier hatte der Mangel eine gute Seite: gebrauchte Trabanten erzielten locker den Neupreis, ganz neue Fahrzeuge die doppelte Summe. Erlaubt war das nicht, offiziell hatten die Behörden den regen privaten Gebrauchtwagenmarkt durch verbindliche Preisschätzungen unter Kontrolle. Mittel und Wege zu beiderseitigem Nutzen fanden sich aber immer. Gut lachen hatte, wer über spendable Westverwandtschaft oder ein Erbteil von dort verfügte. Für das lukrative (und nicht gerade von sozialistischem Geist getragene) Geschäft der Auslieferung von DDR-Waren gegen Westgeld an DDR-Bürger hatte die DDR die Firma Genex mit Sitz in Kopenhagen gegründet. 1989 kostete die Limousine 601 S de Luxe 6175 DM, also rund die Hälfte des nominellen DDR-Preises und war prompt lieferbar: „Wir sind bemüht, die Auslieferung in nicht mehr als zwei Monaten nach Auftragseingang vorzunehmen..“ (Genex-Katalog 1989). Der Binnenpreis des Trabant hatte sich von 8360 Mark (P 50 zu Beginn) über 7890 Mark (P 601 im Jahr 1964), 9450 Mark (1978) bis rund 12.500 Mark am Schluß entwickelt. Viel stärker als der Preis stiegen die Wartezeiten. Zum Serienstart des 601 waren es drei Jahre, 1978 zehn und 1989 bis zu 15 Jahre!

Im Jahre 1990 auch als Sonderangebot nicht mehr attraktiv.

Die Rechnung ging nicht auf

Wenn man schon mit den hohen Preisen im Lande bei einem Durchschnittseinkommen einer Familie mit zwei Verdienern von etwa 1800 Mark in den letzten Jahren leben mußte, galt es eben, optimal damit umzugehen. Die Automobilindustrie der DDR hatte auch die Aufgabe, zusätzliche Mittel abzuschöpfen, um allgemeine Zwecke mitzufinanzieren. Das wird in Zahlen deutlich in einer Rede des später im Zuge der Wende-Ereignisse sehr bekannt gewordenen Mitglieds des Politbüros Günter Schabowski, die er im Herbst 1988 auf der Berliner Bestarbeiterkonferenz hielt und in der er den hohen Verkaufspreis des Wartburg 1.3 von rund 30.000 Mark begründete. Der für den Trabant 1.1 vorgesehene Preis von knapp 20.000 Mark hätte sicher dieselbe Argumentation hervorgerufen, wenn er noch umgesetzt worden wäre. Es hieß dort: „Fast 50 Milliarden Mark sind 1988 (Anmerkung des Verfassers: rund ein Fünftel des Gesamthaushaltes der DDR) notwendig, um die stabilen niedrigen Verbraucherpreise für Waren des Grundbedarfs, Dienstleistungen und Tarife zu gewährleisten. Dazu werden für Lebensmittel fast 32 Milliarden Mark, für Industriewaren 11,7 Milliarden Mark und für Fahrpreise im Personenverkehr rund fünf Milliarden Mark eingesetzt. All das bestimmt maßgeblich das Klima sozialer Sicherheit und Geborgenheit in unserem Land...“

Nach einer internen Statistik sind in den Jahren von 1971 bis 1977 aus den Betrieben der Automobilindustrie 11,8 Milliarden Mark an den Staat abgeflossen, investiert wurden aber nur 2,2 Milliarden. Von 1978 bis 1989 wurden 16,9 Milliarden abgegeben und 11,5 Milliarden empfangen. Nach dem Ende der DDR steht fest, daß die in der Theorie recht gut klingende Idee, mit überteuerten Konsumgütern sozialen Standard zu finanzieren, nicht aufgegangen ist. Die Erlöse der in ihrer Entfaltung stark behinderten Industrie waren viel zu klein, die Aufwendungen zum Beispiel für Mieten und Verkehrstarife auf dem Niveau der dreißiger Jahren zu halten, viel zu hoch.

Bescheiden blieben die Exporterfolge im Westen, ob in der Schweiz (linke Seite oben), der Bundesrepublik oder in den Niederlanden.

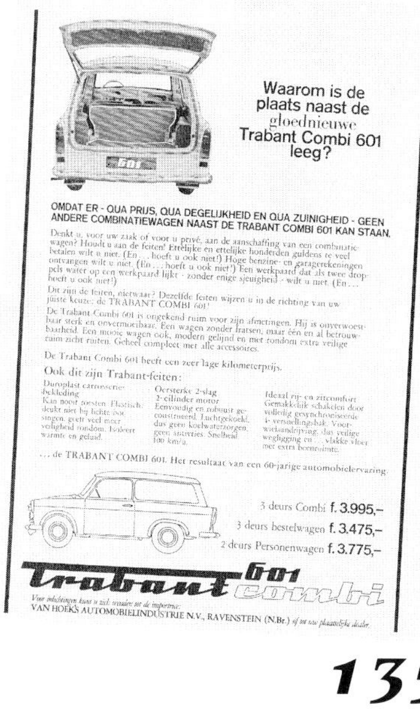

...Luft zum Atmen

Die Schlagzeile traf exakt die Jubelstimmung, sie drückte die ganze Verheißung aus, die die Menschen in der DDR in den dramatischen Wochen der politischen Wende empfanden: „Wir sind so frei - wir kommen" stand in großen Lettern auf der Titelseite von Heft 12/89 von „Der deutsche Straßenverkehr", versehen mit der Zusatzzeile: „Wir fährt man im Westen?", alles vor dem Hintergrund eines Staus von DDR-Fahrzeugen vor einem Grenzkontrollpunkt nach Westen, aufgenommen kurz nach der Grenzöffnung am 9. November 1989.

In der zuvor so eintönigen Medienlandschaft der DDR bildeten die drei Autozeitschriften einen willkommenen Farbtupfer. „Der deutsche Straßenverkehr", „Kraftfahrzeugtechnik"(KFT) und „Illustrierter Motorsport" pflegten intensiv ihr Sach- und Fachgebiet und kamen dabei mit relativ wenig „Parteichinesisch" aus. Die am meisten verbreitete Zeitschrift, „Der deutsche Straßenverkehr", widmete sich neben aktuellen Fahrzeugen und Selbsthilfe für Reparatur und Instandsetzung der Verkehrserziehung, die „Kraftfahrzeugtechnik" bestrich das Fachgebiet zum Teil streng wissenschaftlich, zum Teil populärwissenschaftlich und wurde auch in westlichen Fachkreisen gelesen, der „Illustrierte Motorsport" propagierte engagiert den Motorsport in der DDR. In technischen Fragen gingen alle drei sehr gründlich vor und sind deshalb bei den Trabi-Liebhabern von heute gern genutzte Quellen. Allen drei Redaktionen war es gestattet, ihren Lesern kleine Fenster nach Westen zu öffnen, was den Heften eine Sonderstellung bescherte. Die Ausgaben waren oft nur schwer zu bekommen, für den „Straßenverkehr" wurden über viele Jahre und bis zum Schluß überhaupt keine Abonnement-Bestellungen mehr angenommen, weil die Auflage von immerhin 700.000 Exemplaren ausverkauft war.

Kritik konnten sich die Redaktionen allerdings nur zwischen den Zeilen erlauben. Insofern waren sie mit westlichen Autozeitschriften nicht zu vergleichen. Schließlich hatten die Medien im Sozialismus ganz offiziell den Auftrag, die Botschaft der Partei zu deren Wohl zu verbreiten. Dazu gehörte, die Autos aus landeseigener Produktion nicht in den Dreck zu ziehen und Tabus wie Preisgestaltung oder Lieferzeiten nicht anzurühren. Wie man damit umging und der Leserschaft trotzdem etwas bieten konnte, zeigt der Beitrag von Knut Böttcher, dem langjährigen Chefredakteur der „KFT" (Seite 138).

Die Autointeressierten in der DDR bewegte zur Jahreswende 1989/90 die Frage nach dem technischen Standort der eigenen Autoindustrie, nach den Zukunftsaussichten und nach den Versäumnissen der Vergangenheit. Erste Kommentare im jeweiligen Dezemberheft setzten eine breite Diskussion in Gang. Diesmal war sie nicht von der Partei verordnet wie bei mancher Propaganda-Ak-

„Nun haben Sie die Möglichkeit, alle Dinge, die uns bewegen, offen in die Zeitschrift zu bringen ...", schreibt uns Herr Schröder aus Leipzig. Ja, nun haben wir sie. Wir hatten die Möglichkeit noch nicht, als das Heft 10 mit der Vorstellung des Trabant 1.1 in Druck ging. Deshalb blieben von Lesern vermißte kritische Anmerkungen unsererseits aus. Mußten sie ausbleiben. Als uns seinerzeit das Material zum Wartburg 1.3 übergeben wurde, geschah das in der Chefetage des Pkw-Kombinates mit dem Hinweis: Wir erwarten, daß der Text so veröffentlicht wird. Ansonsten erscheint Ihre Zeitschrift nicht! Das hieß natürlich auch: Der Text erscheint ohne Kommentar.
Wer die Strategie von Günter Mittag umzusetzen hatte, der hatte gleichsam für die Sprachregelung zu sorgen. Dinge stehen auf dem Kopf!

EIN WORT ZUR ZEIT/VON WERNER SÜNDRAM

Dinge, die auf dem Kopf stehen

Da ist der natürliche Wunsch, sich ein Auto kaufen zu können. Ein modernes dazu. Schließlich sind wir ja ein hochindustrialisiertes Land. Die Wirklichkeit: Wartezeiten bis zu 18 Jahren. Wenn wir richtig informiert sind, gibt es über 6 Millionen Anmeldungen.
Rechnen wir nur mit 2 Millionen realem Bedarf – wo sollen diese Autos herkommen, um die Wartezeiten baldmöglichst spürbar zu verringern bzw. ganz abzuschaffen?
Die eigene Produktion bringt es 1989 auf 217500 Pkw (146000 Trabant, 71500 Wartburg). Davon werden 57000 exportiert. Durch Importe kommen rund 19000 Fahrzeuge herein (17000 Lada, darunter 3600 Samara; 100 Aleko, 1200 Skoda 120 L, 400 Dacia 1310 TX). Gesetzt den Fall, wir hätten kurzfristig für die 2 Millionen Autos eine Lösung. Wo sollten sie betankt werden, wo parken, wie auf unseren Straßen unterkommen, wo technisch betreut werden? Die Fragen blieben, berücksichtigte man, daß etwa 400000 Autos auf der Stelle verschrottet werden müßten.
Da ist das Selbstverständlichste von der Welt, daß ein Defekt am Fahrzeug von einer Werkstatt schnell behoben wird. Nicht so bei uns. Wartezeiten bis zu einem Jahr und länger werden nun auch noch immer häufiger mit der Erwartung verknüpft, daß der Kunde das erforderliche Ersatzteil mitbringt.
Wie sollte es anders sein? Bei uns wurde bisher, statistisch gesehen, jedes Auto dreimal aufgebaut. Mit einem Arbeitszeitaufwand in den Instandsetzungsbetrieben, der 10 bis 100 Mal höher ist als bei den Neuproduzenten. In führenden Autoländern beträgt die durchschnittliche Nutzungsdauer nach unserer Kenntnis 12 bis 14 Jahre. Unser Wartburg hat dagegen annähernd 30, der Trabant 25, der SU-Import 20 Jahre zu dienen.
Anderswo macht der Anteil der Ersatzteilproduktion 6 bis 8 Prozent des Produktionsumfangs aus. In unserem Pkw-Kombinat beträgt er über 30 Prozent. Um das Maß vollzumachen, fließen jährlich Subventionen in Höhe von 250 Millionen Mark in die Werkstätten – zur Stützung der Reparaturpreise!
Da wurden Ehrenbanner verliehen. Die Käufer von Pkw unserer Produktion sind an der „Ehre" teilhaftig, indem sie mit ihrem Fahrzeug mehr als 1,5mal zu einem Garantiefall werden. Im Gegensatz dazu haben die Werkstätten bei den eingeführten VW Golf nur bei jedem 20. einen Garantieschaden zu beheben.
Wie sollte es anders sein, betrachtet man die Bedingungen, unter denen unsere Automobilbauer trotz vieler Modernisierungen zu arbeiten haben; bedenkt man, daß Qualitätsarbeit ungenügend stimuliert wird; wird man sich bewußt, daß die Pflicht, solche Autos bauen zu müssen – dazu in volkswirtschaftlich unverantwortlichen Losgrößen – Initiative lähmt.

Da ist die ganz normale Erwartung, über gute Straßen fahren zu können. Die zuständigen Betriebe erfüllen wohl ihre Pläne, doch der Zustand der Fahrbahnen wird immer schlechter. Vor allem auf Autobahnen (2000 km Richtungsfahrbahnen), deren normative Nutzungsdauer von 40 Jahren abgelaufen ist; vor allem auf kommunalen Straßen, von denen etwa 30 Prozent in die Zustandsstufe 4 (verschlissen) eingeordnet sind.
Wie sollte es anders sein, wenn das Reproduktionsdefizit im Bereich des Straßenwesens bereits 60 Milliarden Mark ausmacht?
Und nicht zuletzt ist da das Bedürfnis, unsere Zeitschrift uneingeschränkt kaufen zu können. Mit 700000 Exemplaren monatlich haben wir keine kleine Auflage. Verdoppelt aber müßte sie werden. Doch woher das Papier nehmen? Und holzfreies dazu? Damit die Farbe im Heft wieder das Auge erfreut. Woher die Druckkapazität? Unsere Berliner Druckerei ist ausgereizt. Um beim Bild zu bleiben: Mit schnellen Antworten sind diese und viele andere Dinge nicht auf die Beine zu stellen.
Dazu werden die Wünsche, die wir alle haben, zur bestimmenden Größe in der Volkswirtschaft aufsteigen müssen. Dazu wird gründliches, die Zusammenhänge erfassendes Nachdenken nötig sein. In und mit der Öffentlichkeit!
Die hier angedeuteten Probleme werden auf Innenseiten dieses Heftes deutlicher benannt. Vor allem durch Leser unter der bekannten Dachzeile „Mensch und Verkehr". Wer diese Reihe verfolgt hat, weiß, daß in ihr seit Anfang 1988 Wissenschaftler, Praxisexperten und Leser auf Widersprüche und erforderliche Entwicklungen aufmerksam machten, erste Überlegungen für Lösungen anboten.

Wir machen weiter. Nun nicht mehr mit Balanceakten auf einem gespannten Seil, sondern mit der Freude über die gewonnene Pressefreiheit.
Die Redaktionsmannschaft dankt allen, die mit ihren Protesten diese Freiheit bewirkten.

Dramatische Wochen: Die ersten klaren Worte zur Wendezeit, hier in „Der Deutsche Straßenverkehr" 12/89.

tion in der Vergangenheit, die einst geschonten oder sogar hochgelobten Vertreter der Werke, Kombinate und von Partei und Regierung hatten plötzlich einen schweren Stand. Sie brauchten eine Weile, um sich an die neuen Verhältnisse zu gewöhnen. So erhielt die Redaktion von „Der deutsche Straßenverkehr" auf eine Kritik in Heft 12/89 an den Einstiegsverhältnissen im Trabant, verbunden mit dem konstruktiven Vorschlag einer Kippvorrichtung für die Vordersitze, folgende Reaktion: „Der VEB AWZ lehnt den .....Umbauvorschlag entschieden ab und erwartet, daß der Standpunkt des Betriebes an exponierter Stelle veröffentlicht wird". Doch die Zeiten wörtlich wiedergegebener Verlautbarungen aus Industrie und Politik waren da schon vorbei, in Zwickau hatte man es nur noch nicht bemerkt.

Unter der beziehungsreichen Überschrift „Wortmeldung: 5 Minuten nach Mittag im Kraftfahrzeugbau!" - also in Anspielung auf das für die Wirtschaft der DDR verantwortliche Politbüro-Mitglied Dr. Günter Mittag - eröffnete die KFT in Heft 12/89 die öffentliche Diskussion. Drei Kernfragen stellte die Redaktion zur Debatte.

- „Mit welcher Struktur lassen sich die eklatanten Wirkungsgradverluste der drei IFA-Kombinate ausmerzen?"
- „Welche Erzeugnisse erfüllen die Anforderungen der Zeit?"
- „Können wir uns leisten, den Trabant 1.1 mit Viertaktmotor in seiner vorgestellten skurrilen Form in die Serie zu nehmen?"

Die Diskussion war entfacht und zog sich über Monate hin, unter reger Anteilnahme der Leserschaft. Dennoch sollten sich schon bald ganz andere Fragen stellen. Sowohl die Struktur der IFA-Kombinate wie die Konkurrenzfähigkeit von Wartburg und Trabant hatten sich erledigt, der Trabant 1.1 kurz darauf auch, so schnell änderten sich die Verhältnisse. Von den drei Zeitschriften haben in veränderter Form die KFT und „Der deutsche Straßenverkehr" - jetzt „Auto/Der deutsche Straßenverkehr" - in der Medienlandschaft der westlichen Welt ihren Platz gefunden, im Gegensatz zum „Illustrierten Motorsport".

DER TRABANT ALS „PRESSE-TESTFAHRZEUG"

Ich muß es zugeben: Im Falle des Trabant wurde ich zum Schreibtischtäter. Kaum zu glauben, aber mehr als 25 Beurteilungen und Berichte über das scheinbar so wenig ergiebige Auto sind es in all den Jahren bei der „KFT" geworden. Dabei war der Zwickauer Zweitakter ja keineswegs das Hauptthema unseres Heftes, das der internationalen Kraftfahrzeug-Entwicklung gewidmet war. Doch am geliebten und gehaßten Hauptauto der ostdeutschen Massenmotorisierung konnte man natürlich nicht vorbeigehen.

Vom synchronisierten Getriebe für den Trabant 500 über die verschiedenen Stadien des 600ers, bis hin zum 1.1.-Viertakter reichten die Antriebs-Themen. Reifen- und Fahrwerkstests gehörten ebenso dazu wie Analysen der Sicherheit. Und immer war es ein Seiltanz zwischen unabdingbarer Kritik und „offizieller" Verträglichkeit. Wer das heute liest, hat es schwer, die versteckten Anzüglichkeiten in und zwischen den Zeilen zu verstehen. Wie konnte man zum Beispiel die mangelhafte Fahrbarkeit der zuletzt viel zu stark abgemagerten Motoren anprangern, ohne mit der vom Ministerrat verordneten Sparpolitik beim Benzinverbrauchs zu kollidieren?

Tatsächlich gab es Leser, die die sorgsam formulierten Passagen auswendig kannten und zwar auch noch nach der Wende. Als die KFT-Redaktion auf der „Automobil International" in Leipzig einen eigenen Messestand betreute, war das wie ein Bad in der Menge. Nicht um die neuzeitlichen High-Lights des Standes, sondern um die vertrauten Themen ging es in den vielen Gesprächen mit alten und neuen KFT-Lesern.

Manch heikle Veröffentlichung kam in Erinnerung. Zum Beispiel ein „Langstreckentest" über nicht mehr als 10 000 Kilometer. Penibel hatten wir da alle Roststellen verzeichnet, die am Stahl-Skelett des plastbeplankten Trabant schon nach sehr kurzer Zeit auftraten. Peinlich für den Hersteller – doch höchst unangenehm für die Redaktion. Denn zur gleichen Zeit war Sachsenring von der Regierung als „Betrieb der sozialistischen Arbeit" ausgezeichnet worden, womit unser sachlicher Test zur „Provokation" wurde. Das bewog den zuständigen Minister Kleiber, die Einstellung der KFT zu fordern. In der Folge blieb das Heft nicht frei von „Hofberichterstattung". Die Technologie der Trabant-Stoßstange aus U-Profil wurde zum Beispiel von Autoren aus dem Pkw-Kombinat als „Er-

KFT

Kraftfahrzeugtechnik

Technische Zeitschrift des Kraftfahrwesens

Dezember/12/1989

VEB Verlag Technik
DDR-1020 Berlin
ISSN 0023-4419
Herausgeber: Kammer der Technik
Fachverband Fahrzeugbau und Verkehr

INHALT

FORSCHUNG · ENTWICKLUNG · FERTIGUNG

KRAFTFAHRZEUGTECHNISCHE UMSCHAU

FAHRZEUGBETRIEB UND INSTANDHALTUNG

Vieles in unserem Lande ist nun in Bewegung – viel mehr, als man es je in so wenigen Tagen und Wochen für möglich gehalten hätte. Nach Jahrzehnten der Stagnation eröffnet sich die Hoffnung auf eine tiefgreifende gesellschaftliche Erneuerung – auf einen Neuanfang. Auf einen Neuanfang auch in der Wirtschaft, zu dem unser Fachgebiet wesentliches beitragen kann. Die Probleme des Kraftfahrzeugbaus mögen unbedeutend erscheinen gegenüber den gesellschaftlichen Umwälzungen, die in Gang gekommen sind. Ignoranz und Fehlentscheidungen haben aber gerade hier zu einem weithin sichtbaren Tiefstand geführt.
Wir wollen unsere Verantwortung in diesem Prozeß wahrnehmen und zuallererst zu einer gründlichen Bestandsaufnahme beitragen. Wir wollen das besonnen und mit Verantwortung, aber auch mit dem gebotenen Nachdruck tun. Dabei sollen die Mängel und Mißstände ungeschminkt beim Namen genannt werden, wie das in der folgenden Wortmeldung geschieht. So kann es gar nicht ausbleiben, daß die Wogen des Meinungsstreits hochschlagen.
Der Disput könnte aber direkt zur Entwicklung moderner, innovativer, ressourcensparender industrieller Konsumgüter beitragen, wie sie jetzt gefordert werden. Ein Kriterium, das unsere beiden PKW keineswegs erfüllen.

Die Redaktion

Wortmeldung: 5 Minuten nach Mittag im Kraftfahrzeugbau!

Ein Nach-Mittag mit starken Kombinaten: In dem einen wurden Einspritzpumpen (nicht für den eigenen Bedarf, sondern für den des anderen) produziert, das andere revanchiere sich mit Vergasern.
Die Kombinationen multiplizieren sich von oben herab, zum Finalproduzenten hin: die Odysseen der Karosserien zwischen vielen Städten, auf niedergewalzten Stadt- anstatt auf modernen Taktstraßen, bewegt von müden Sattelschleppern anstatt von munteren Robotern. Ergebnis? Von vielen nur das eine, das aktuellste: außen groß und unästhetisch, innen klein und laut. Der Leistung nach Kleinwagen, dem Verbrauch nach Großlimousine. Die vorgesehene Neumotorisierung bricht nun sogar mit der alten Konzeption: billig, einfach, für jedermann. Das Ergebnis bleibt: unästhetisch, unfunktionell, umständlich im Vergleich mit der internationalen Konkurrenz. Neu dagegen: Nun ist der Kleine auch noch übermotorisiert. Dies ist nur ein Beispiel. So entstehen Fragen wie

- Sind die Ingenieure in den Entwicklungsabteilungen der Kraftfahrzeugindustrie überflüssig?
- Warum bleiben die Beiträge aus Forschung und Entwicklung über die immer weitere Erhöhung des thermodynamischen Wirkungsgrades, die besten Kolbenlegierungen, die neuesten Verbrennungsverfahren ohne industrielle Umsetzung?
- Können wir Ingenieure der DDR wirklich keine richtigen Autos mehr bauen wie einst?

Ich sage, wir, und auch wenn ich noch zu jung bin, um einst Autos gebaut zu haben und auch wenn ich erst seit 12 Jahren in der DDR lebe und arbeite, weil ich als ausländischer Staatsbürger, als freier Mensch, hier meine Familie gründen wollte. In meiner Kindheit war das internationale Renommee von Simson und BMW, von Wartburg und Peugeot gleich groß. Dieser Stand kann und muß wieder erreicht werden aus

- Respekt für die vielen alten und jungen Spezialisten dieses Landes, die nur auf ein Zeichen warten;
- Anerkennung für die vielen Nichtspezialisten, für die der PKW Ausdruck der Wirtschaftskraft ihres Landes ist;
- Achtung für die eigene technologische Kultur, für die das Auto sowohl Markenzeichen als auch Stimulus ist.

„Wir brauchen jetzt Wohnungen und keine Autos!" Diese Parole gehört der Vergangenheit an! Das Auto ist nicht ein beliebiges Konsumgut, es ist ein Barometer des technischen und technologischen Niveaus eines Landes, weil es mehr als viele andere Finalprodukte – übertroffen nur von der Raumfahrt- und Flugzeugindustrie – alle Wirtschaftszweige verbindet. Von der Metallurgie bis zur Ölraffinerie, von der Textilindustrie bis zur Mikroelektronik, vom Glas bis zum Gummi, vom Sattler bis zum Designer, vom Anzeigegerät bis zum Plastegriff, vom Umweltministerium bis zum Straßenbauwesen.
Die Kraftfahrzeugindustrie ist gegenüber vielen anderen Branchen ein offenes System. Diese These kann am Beispiel der höchstentwickelten Industrienationen exemplifiziert werden, wo zwischen der Kraftfahrzeug- und der allgemeinen Entwicklung eine direkte Proportionalität besteht.
Das trifft beispielsweise für einen sehr modernen Zweig wie die Elektronikindustrie – als separat betrachteten Modul – keineswegs zu.
Für uns kann das Auto noch kein Exponent sein. Es muß erstmal ein Ziel werden, um die technologische Entwicklung in einer breiten Ebene in Bewegung zu setzen. Was nutzt uns die Propaganda für Mikroelektronik oder Rationalisierung, wenn die Kolben in der Großserienmontage auf nichts anderem als auf elektrischen Kochplatten aus der Konsumgüterproduktion vorgewärmt werden? Was sollen wir sonst mit langjährigen und kopfzerbrechenden Untersuchungen anfangen, wenn Sensoren und Musterbau trotz vieler Anstrengungen oder finanzieller Unterstützung der Industriepartner größtenteils fehlen?
Der Automobilbau in der DDR muß wieder belebt werden. Eine entsprechende Entscheidung ist zuerst politisch und dann technisch, sie ist aber dringend erforderlich. Danach, auf der Intensivstation, dürften aber nur die Spezialisten und nur noch sie Zugang haben.

Cornel Stan, Doktor der technischen Wissenschaften auf dem Gebiet Kraftfahrzeugtechnik

rungenschaft" gefeiert. Diesen „Ausrutscher" konnten unsere Leser natürlich nicht verstehen.

In besserer Erinnerung ist ein anderes Ereignis: Es war vor inzwischen 10 Jahren, als die DDR-Wirtschaft schon in allen Fugen ächzte: Weil die Automisere immer schlimmer wurde und die Leute weder mit Trabant und Wartburg noch mit Import-Autos zufrieden zu stellen waren, kam der Partei-Beschluß zum „Motoren-Programm". Der verhieß: Fertigung von Viertaktmotoren nach VW-Lizenz und Einbau der neuen Motoren in die alten Autos Trabant und Wartburg. Das war das Aus für die Entwicklung eigener Antriebe. Die Prototypen neuer Pkw, die in Zwickau und Eisenach schon ihre Proberunden drehten, kamen hinter Schloß und Riegel.

Natürlich durften wir darüber nichts schreiben. Was aber tun, als die Unzufriedenheit immer größer wurde? Schließlich sickerten von verschiedenen Seiten Einzelheiten durch, weil viele Industriezweige an dem Programm beteiligt waren. Der Strom kritischer Leserbriefe an die KFT schwoll an. Die Leute fanden keine anderen Stellen, um ihren Unmut loszuwerden. Das Vertrackte daran: Als Redaktion hatte man den „Staatsratsbeschluß" zu befolgen, nach dem jeder Brief als „Eingabe" zu behandeln und zu beantworten war. Aber wie? Und wehe, wenn davon etwas ins Heft gekommen wäre. Schließlich war es noch nicht lange her, daß der Minister die KFT verbieten wollte.

Doch es gab einen Ausweg: Herausgeber der Zeitschrift war die Kammer der Technik und diese Ingenieur-Organisation führte Jahreskonferenzen zur Selbstdarstellung durch. Weil die meist recht dröge verliefen, sollte der verantwortliche KFT-Redakteur dort einen „auflockernden" Vortrag halten. Das war die Gelegenheit, das Dilemma darzustellen: Kritische Briefe an die Redaktion, die wir aber gar nicht beantworten konnten. Die Zusage war mit dem Hintergedanken verbunden, daß über diese Konferenzen ja zu berichten sei. So kam über den „Umweg" des Konferenz-Reports der Frust der Leser dann doch ins Blatt. Tenor: Wie will man solche rückständigen Autos den hofierten Ingenieuren zumuten, die ansonsten den „Weltstand" für die DDR zu erfinden haben?

Der zurückhaltend aufgemachte und im Heft etwas versteckte Artikel blieb zuerst ohne „offizielle" Reaktion und wurde von den Lesern freudig aufgenommen. Das dicke Ende aber kam, als Verlagsleitung, Redaktion und Herausgeber einige Monate später ins „Hohe Haus" (Zentralkomitee der SED) zitiert wurden. Was war passiert? Der Westberliner Tagesspiegel hatte die Geschichte aufgegriffen. Damit war sie zur „Munition für den Klassenfeind" geworden, und der Vorgang landete auf dem Tisch von Honecker. Weil aber kein einzelner Schuldiger dingfest zu machen war, verlief die Sache im Sande. Nur das Knacken in der Telefonleitung und die zunehmende Begleitung „unauffälliger" Herren hatten daraufhin deutlich zugenommen.

Wie wir überhaupt an Testwagen herangekommen sind, wollte einer unserer Leser wissen. Er hat wohl geahnt, daß das zu Zeiten der Mangelwirtschaft nicht so einfach gewesen ist. Tatsächlich mußte man die sich ändernden Strukturen von Ministerium, Pkw-Kombinat und seiner unterstellten Betriebe gut kennen, um die Kanäle für Testwagen ausfindig zu machen. „Fonds" für Autos dieser Art gab es, doch sie wurden zum Teil recht artfremd genutzt.

So kamen wir an den letzten Presse-Testwagen, einen Trabant 1.1 mit Viertaktmotor, sehr zufällig. Bezeichnenderweise war das Auto beim Sohn des Staatssekretärs geparkt. Das zuständige Ministerium hatte nach der Wende kalte Füße bekommen und ihn der erstbesten Redaktion angeboten, denn er war als Presse-Testfahrzeug deklariert. Wir haben ihn seinerzeit über viele deutsche Autobahnen getrieben und damit wohl manchen braven Bundesbürger erschreckt, der einen Trabi mit Dauertempo 140 nicht so recht wahrhaben wollte.

Auf diesem Wege kam das Auto per Austausch auch in den Testpool einer westdeutschen Autozeitschrift. Deren Chef verordnete all seinen Redakteuren eine Vergleichsfahrt zwecks „innerdeutschem Kennenlernen". Echtes Trabant-Feeling kann dabei aber nicht aufgekommen sein, denn dieser Trabant 1.1 war letzten Endes ein Zwitter.
Sein Viertakter von VW verfälschte den Eindruck des Originals, zu dessen Plastkarosse und Einfachtechnik der rumplige Zweitaktmotor doch einfach besser paßte.

Knut Böttcher

	P 70 (1955 - 1959)	P 50 (1957 - 1962)
MOTOR		
	Zweiylinder-Zweitakter wassergekühlt	Zweizylinder-Zweitakter mit Flachdrehschieber luftgekühlt über Axialgebläse
Motorentyp	P 70	P 50 (1958-1959)
Hubraum in ccm	690	499
Bohrung x Hub in mm	76x76	66x73
PS bei U/min	22/3500	18/3750
max. Drehmoment	5,4	4,15
mgk bei U/min	3500	2750
Verdichtung	6,8:1	6,6:1
Schmierung / Öl zu Kraftstoff	1:25	1:25
Batterie	12V 70 Ah	6V 56 Ah
Lichtmaschine	Dynastart 250 W	180 W
Gemischaufbereitung	1 Flachstromvergaser	1 Flachstromvergaser
KRAFTÜBERTRAGUNG		
	Frontantrieb, Einscheibentrockenkupplung, Krückstockschaltung	
Getriebe	Dreigang	Viergang
Synchronisierung	nein	nein
Getriebeübersetzung 1. Gang	3,44	4,08
2. Gang	1,69	2,38
3. Gang	1,00	1,50
4. Gang	—	1,00
Antriebsübersetzung	5,8	4,93
FAHRWERK		
	Kastenprofilrahmen Duroplast-Kunststoff-Karosserie in Schalenbauweise	selbsttragende Bodenplattform Duroplast-Kunststoff-Karosserie mit Stahlblechgerippe
Radführung vorn	Querlenker, Querfeder	Einzelradaufhängung, Querfeder
Radführung hinten	Starrachse, Querfeder	Einzelradaufhängung, Querfeder Pendelachse mit Dreieckslenkern
Lenkung	Zahnstange	Zahnstange
Bremsen	Vier Trommelbr., mechanisch	Vier Trommelbr., mechanisch
MASSE UND GEWICHTE		
Radstand mm	2380	2020
Spurw. v. mm	1190	1200
Spurw. h. mm	1200	1240
Länge/Breite/Höhe	3740/1500/1480 (Coupé: 3740/1500/1400)	3361/1493/1460 (Kombi ab 1960: 3600/1493/1460)
Reifengröße	5,00-16	5,20-13
Wendekreis in m	10	10
Leergewicht kg	800 (Kombi: 830, Coupé: 875)	620
Zul. Gesamtgewicht kg	1150	950
Tankinhalt l	32	24
FAHRLEISTUNGEN Werksangaben		
max. Geschw. km/h	90	90
Verbrauch l auf 100 km	7	6

Abweichende Motordaten
P 50 (Trabant 500 1959 - 62) und P 60 (Trabant 600 1962-64)

Motorentyp	P 50Z (1959)	P 50/1 (1959-1962)	P 60/61 (1962-1969)
Hubraum in ccm	499	499	594,5
Bohrung x Hub in mm	66x73	66x73	72x73
PS bei U/min	18/3750	20/3900	23/4000
max. Drehmoment	4,3	4,50	5,3
mgk bei U/min	2750	2750	2800
Verdichtung	6,8:1	7,1:1	7,5:1
Schmierung			
Öl zu Kraftstoff	1:33	1:33	1:33
max. Geschw. km/h	95	95	100

Anmerkung: Trabant 500 ab 1962: Vollsynchronisiertes Getriebe, Lichtmaschine 6V 220W

	P 601 (1964 - 1990)	1.1 (1990-1991)
MOTOR		
	Zweizylinder-Zweitakter mit Flachdrehschieber luftgekühlt über Axialgebläse	Vierzylinder-Viertakter
Motorentyp	P 60/61	BM 820 (Lizenz VW)
Hubraum in ccm	594,5	1043
Bohrung x Hub in mm	72x73	75x59
PS bei U/min	23/4000	40/5300
max. Drehmoment	5,3	7,4
mgk bei U/min	2800	3000
Verdichtung	7,6:1	9,5:1
Schmierung / Öl zu Kraftstoff	1:33	——
Ventile	——	hängend 1 obenliegende Nockenwelle Antrieb über Zanriemen
Batterie	6V 56 Ah (ab 84: 12 V 38 Ah)	12V 44 Ah
Lichtmaschine	6V 220 W (ab 84: Drehstrom 42 A)	Drehstrom 53 A
Gemischaufbereitung	1 Flachstromvergaser	1 Fallstromvergaser
KRAFTÜBERTRAGUNG		
	Frontantrieb, Einscheibentrockenkupplung,	
	Krückstockschaltung	Knüppelschaltung
Getriebe	Viergang	Viergang
Synchronisierung	ja	ja
Getriebeübersetzung 1. Gang	4,08	3,250
2. Gang	2,32	2,053
3. Gang	1,52	1,342
4. Gang	1,03	0,9950
Antriebsübersetzung	4,33	4,267
FAHRWERK		
	selbsttragende Bodenplattform Duroplast-Kunststoff-Karosserie mit Stahlblechgerippe	
Radführung vorn	Einzelradaufhängung, Querlenker, Querfeder	Einzelradaufhängung, McPherson-Federbeine, Schraubenfedern, Querlenker, Querstabilisator
Radführung hinten	Einzelradaufhängung, Pendelachse mit Dreieckslenkern, Querfeder, ab 1988: Schraubenfedern	Schräglenker, Schraubenfedern
Lenkung	Zahnstange	Zahnstange
Bremsen	Vier Trommelbr., mechanisch	Vorn Schreibenbr., hinten Trommelbr.
MASSE UND GEWICHTE		
Radstand mm	2020	2020
Spurw. v. mm	1211	1284
Spurw. h. mm	1255	1255
Länge/Breite/Höhe	3555/1510/1437	3521/1528/1420
	(Universal: 3560/1510/1437	(Universal: 3516/1528/1420)
	Tramp: 3480/1506/1465)	Tramp: 3466/1524/1448)
Reifengröße	5,20-13	145 R 13
Wendekreis in m	10	10
Leergewicht kg	615 (Universal: 650 Tramp: 645)	700 (Universal: 740, Tramp: 730)
Zul. Gesamtgewicht kg	950 (Universal: 1040, Tramp: 1020)	1085 (Universal: 1125, Tramp: 1155)
Tankinhalt l	24 (4/73: 26)	28
FAHRLEISTUNGEN Werksangaben		
max. Geschw. km/h	100	125
Verbrauch l auf 100 km	7	8

Abweichende Motordaten für Trabant 601

Motorentyp	P 63/64 (1969 - 1974) und P 65/66 (1974 - 1990/neuer Vergaser) -
Hubraum in ccm	594,5
Bohrung x Hub in mm	72x73
PS bei U/min	26/4200
max. Drehmoment	5,5
mgk bei U/min	3000
Verdichtung	7,5:1
Schmierung / Öl zu Kraftstoff	1:33 (ab 1974: 1:25)
max. Geschw. km/h	100

Technische Daten

PRODUKTION

	1955	1956	1957	1958	1959	1960	1961	1962	1963
P 70	2150	8095	10.893	11.466	4132				
P 50			50	1730	20.050	35.270	39.335	35.000	
-davon Kombi					226	2922	4255	4245	
P 60							10.300	53.300	
-davon Kombi							1795	9355	
- Camping									1
- Lieferwagen									52
P 601									110

	1964	1965	1966	1967	1968	1969	1970	1971	1972
P 60	31.332	12.075							
-davon Kombi	11.300	11.515							
- Camping	999	959							
- Lieferwagen	17	16							
P 601	29.808	58.091	73.885	76.926	79.738	83.468	86.200	91.065	93.930
-davon Universal		1889	14.206	15.094	15.258	15.846	16.521	17.370	18.288
- Lieferwagen			368	216	30	221	294	95	49
-Kübelwagen			165	719	453	631	419	604	609

	1973	1974	1975	1976	1977	1978	1979	1980
P 601	98.632	102.816	105.107	108.460	109.629	112.235	115.027	118.436
-davon Universal	20.142	21.474	24.562	24.765	24.974	25.294	25.819	23.465
- Lieferwagen	54	1						
- Kübelwagen	467	679	548	567	371	614	680	634

	1981	1982	1983	1984	1985	1986	1987	1988
P 601	120.100	121.630	120.000	115.460	110.000	143.700	145.576	145.600
- davon Universal	25.618	23.913	*	*	*	*	27.651	27.638
- Kübelwagen	59	634	*	*	*	*	380	335

	1989	1990	1991
P 601	144.852	64.340	
-davon Universal	27.641	*	
-Kübelwagen			
Trabant 1.1	738	27.553	9831
- davon Universal	49	*	*

* Zahlen liegen nicht vor

GESAMTPRODUKTION

P 70:	36.786
P 50:	131.435
davon Kombi:	11.648
P 60:	107.007
- davon Kombi:	33.965
- Camping:	1959
- Lieferwagen:	83
P 601:	2.774.821
Trabant 1.1:	38.122
Trabant insgesamt:	3.051.485

Neuzulassungen Bundesrepublik Deutschland:

1961	28
1962	8
1963	6
1964	—
1965	200
1966	229
1967	151
1968	139
1969	83
Insgesamt:	844

Quellen

Bücher:

Ihling, Horst, Autos aus Eisenach, Stuttgart, 1998

Oswald, Werner, Kraftfahrzeuge der DDR, Stuttgart, 1975

Reichelt, Werner, Die Trabant-Legende, Rodewisch, 1997

Röcke, Matthias, Der Trabant, Königswinter, 1990

Rönicke, Frank, Trabant Legende auf Rädern, Stuttgart, 1998

Schiebert, Jürgen, Duroplast in Pastellfarben: Der Trabant, Berlin, 1997

Betriebsparteiorganisation des VEB Sachsenring Automobilwerke (Hrgb.), Automobilarbeiter einst und jetzt, Berlin (DDR), 1976

Fischer Weltalmanach 89, Frankfurt/Main, 1988

Fischer Weltalmanach 90, Frankfurt/Main, 1989

Fischer Weltalmanach, Sonderband DDR, Franfurt/Main, 1990

VEB Sachsenring Automobilwerke (Hrgb.), Vom Tonneau zum Trabant, Zwickau, 1988

Zeitschriften und Broschüren:

Auto/Der deutsche Straßenverkehr, Berlin, 9/90

Der deutsche Straßenverkehr, Berlin (DDR), verschiedene Ausgaben

IFA Journal, Frankfurt/Main, verschiedene Ausgaben

Illustrierter Motorsport, Berlin (DDR), verschiedene Ausgaben

Kraftfahrzeugtechnik (KFT), Berlin (DDR), verschiedene Ausgaben

Oldtimer Markt 3/93

Super Trabi/Du und Dein Trabant, Zwickau/Wuppertal, verschiedene Ausgaben

Feuerwehr und Modell Spezial (Ho-Modelle aus der DDR), Nürnberg, 1990

40 Jahre ADMV, Berlin, 1997

Fotonachweis

Edgar Haschke, Zwickau (1; S21)
Reinhard Klein, Köln (6; S.121, 122, 124)
Conrad Piepenburg/Autobild (5; S. 108/109)
Matthias Röcke, Sinzig (7)
Heinz-Toni Sesterheim, Leimbach (27)

Archiv Automobilmuseum Zwickau (20)
Archiv Redaktion Kraftfahrzeugtechnik (KFT), Köln (25)
Archiv Super-Trabi, Zwickau (13)
Bavaria-Film, München (21)
Sammlung Dr. Winfried Sonntag, Zwickau (17)

Pressefotos: Sachsenring Automobil AG (Zwickau), Volkswagen Sachsen GmbH (Zwickau), welcome tourist (Dresden).

Andere Unterlagen:
Sammlung Hans-Peter Magnus, Waldenbuch
Werksunterlagen VEB Sachsenring Automobilwerke Zwickau